人生很難
你不必再為難自己

——15個深刻而感動的單親故事

作者 LANCÔME

本書謹獻給在每一次低潮，都願意選擇勇敢的你。

（本書版稅將全額捐贈家扶基金會，

持續扶持每個努力與生命奮鬥的家庭。）

序文／

Write Her Future 共寫未來

Françoise Lehmann ／蘭蔻全球品牌總裁

根據聯合國教科文組織提供的數據，當前有超過一・二九億名年輕女性失學；這種情況使得年輕女性得面對困苦的生活環境、不利於其成長且影響家庭幸福。

蘭蔻始終是女性最好的朋友，不斷在女性身旁給予支持；不只讓女性擁有亮麗外表，更幫助她們感受內心強大力量。關心所有女性並引領她們實現自我價值正是蘭蔻的核心承諾。教育是讓女性擁有更強大力量的工具之一，能讓女性徹底發揮潛力，而這正是我們所致力奮鬥的目標。我們心繫改變女性生活的願望，希望藉由教育賦予女性主宰自我人生的力量，進而實現「Write Her Future 共寫未來」公益計畫。

蘭蔻於二〇一七年與非政府組織 CARE International 攜手成立「Write Her Future 共寫未來」公益計畫，旨在藉由這項計畫體現品牌承諾，即在全球各地透過獎學金及輔導課程協助女性學習讀書識字的能力，讓她們能書寫自己更幸福的未來並實現自我價值。

從二〇一九年開始執行這項計畫以來，我們十分樂見「Write Her Future 共寫未來」公益計畫在台灣所創造出的亮眼成果，發起一場以女性包容為核心宗旨的運動。蘭蔻透過提供輔導課程及職業訓練活動給單親媽媽，幫助她們寫下全新的人生篇章，並邀請社會各界人士舉辦多場公益講座以推動關於女性包容的價值。

衷心期望各位喜歡這本書。本書集結了單親媽媽們充滿力量的小故事。這些故事背後的目標在於激勵各位走出逆境，利用各項資源以成就現在的你。這些激勵人心的女性與我們分享了自己的人生甘苦及不安全感。她們以堅韌寬容的態度設法克服種種困難，用自己的方式成長茁壯，為我們帶來智慧結晶。

從我們幫助這些女性實現自我價值及改善生活條件的那一刻起，她們即團結起來，採取行動回頭幫助他人，從而形成深厚的女人圈，讓她們更加強大；這是我從這本書中所得到的啟發。讓她們滿懷信心，使她們相信自己也有力量能改變生活，這讓我心中充滿了喜悅，親眼見證「單親媽媽正是改變這個世界的重要能量！」

Write Her Future

Françoise Lehmann—LANCÔME Global Brand President

"Today, over 129 million young women are out of school, according to the UNESCO. This situation causes young women to cope with hardship, hinder their growth and impact the wellbeing of their families.

Lancôme has always stood with and for women by not only making them beautiful on the outside but also helping them to feel empowered on the inside. Caring for all women and helping them achieve self-fulfillment is at the heart of Lancôme's commitments. As one of the most empowering tools for women, education has the power to give a pathway to fulfill their full potential and this is exactly what we are fighting for. That's with a desire to change women's lives for the better and empower them through education that Write Her Future was born.

Write Her Future is Lancôme's philanthropic program launched in 2017 in partnership with the NGO CARE International. The program crystalizes Lancôme's commitment to empower women with access to literacy, scholarship and mentoring around the world, so that they can write their own happier futures and achieve self-fulfillment.

We are proud to see the results that Write Her Future Taiwan achieved, by creating a movement where women inclusion is at the center of their cause since 2019. By empowering single mothers, with mentoring and vocational trainings, Write Her Future Taiwan help these women write a new chapter and invite members of the society to elevate the discussions around women inclusion.

We hope that you will enjoy reading this book made of beneficiary short stories. The goal behind those essays is to inspire you to go beyond any hardship and step into what is there for you to create now. These inspirational women shared with us a part of themselves, their high and lows, their insecurities. They also gifted us with nuggets of wisdom with their resilience, generosity and how they managed to beat the odds to thrive on their own terms.

What inspires me from this book is to see that from the moment we have helped these women to achieve self-fulfillment and improve their living conditions, how deeply they pull together and act to help others in return and thus forming a chain of sisterhood that makes them so strong. This fills my heart with joy, to witness how 'Single Mothers Can Move The World' when you equip them with confidence and enable them to trust their magic."

序文／

創造美力，感動世界

Eva Leihener-Stefan ／台灣萊雅總裁

正在慶祝成立三十週年的台灣萊雅，不僅是國內首屈一指的美妝集團，且引領全球市場打造滿足各種消費者需求的美妝新產品與保養程序已超過一百年。我們相信，我們銷售的不僅是產品，因為我們始終堅定地依循一個明確的目標，就是「創造美力，感動世界」。

此信念同樣深植於我們的使命中，我們致力創造的美麗將能賦予女性擁有自主的人生。

早在一九〇九年，創辦人尤金．許勒即開始積極協助年輕媽媽能多放一個月的產假。台灣萊雅的女性員工數已超過百分之八十，且提供的產假比政府規定多一倍。此外，我們鼓勵女性在我們的協助下選擇及發展自己的事業，並能彈性在家上班，以兼顧工作與家庭生活。

我很高興能看到 Lancôme 蘭蔻團隊發起「Write Her Future 共寫未來」計畫，收集台灣單親媽媽振奮人心的故事，表示萊雅的核心價值是致力運用美的力量，女性透過提升形象（例如「看起來很好，感覺更棒」），讓她們感覺自己變得更強大，並重新建立她們的自信心，散發出內在的美麗與堅毅力量。

書中這些獨一無二的故事極為動人且激勵人心——我要向所有堅強的母親說：除了為您的家庭和孩子而堅強外，也要相信自己，為自己抹上唇膏，秀出自信的微笑，迎向燦爛的未來！

Confidence and inner strength makes us all more beautiful and successful!

Eva Leihener-Stefan—Managing Director L'OREAL TAIWAN

At L'OREAL in TAIWAN we just celebrated our 30th anniversary and we are not only the number one beauty company locally, but we have been leading in creating new beauty products and routines to respond to diverse consumer needs worldwide over more than 100 years. We believe that we are selling more than just products, so we follow a strong sense of purpose - to Create the Beauty that Moves the World.

This is also deeply anchored in our mission to creating beauty that empowers women.

Back to 1909, our founder Eugene Schueller has started his strong support to young mothers, in giving one extra month for maternity leave. At L'OREAL TAIWAN, with more than 80% of female employees, we double the maternity leave for our employees (vs government requirements). We encourage women to choose and develop their career with our support and provide flexibility to work from home to be well balanced between work and family life.

I am very proud to see our Lancôme team initiate the "Write her Future" project by collecting inspiring stories of single Taiwanese mothers. It reflects our core values at L'OREAL that we strive to use the power of beauty to make women feel strong via image enhancement (like "look good, feel better") and to rebuild their self-confidence to shine with inner beauty & strength.

These individual stories are truly very touching and inspiring – so let me say to all the strong mothers: don't just be strong for your family and children but believe in yourself. Put on a touch of lipstick and proudly smile to a happy future!

序文／

單親媽媽超級英雄

蔣喆敏／台灣萊雅 LUXE 事業部副總裁

女性，不是弱者，亦僅非強者，因為「強者」不足以形容女性的強。

女性，是「超越者」，女性的力量，可以超越體型的限制，超越能力的限制，超越性別的限制，超越命運的限制。

當女性自我夢想起飛的時候，當她所愛的人需要幫助的時候，當她的使命感被呼召的時候，女性超越的力量，就生火噴發！

單親媽媽，就是女性超越者力量的見證。

當我讀到這群單親媽媽像電影情節一樣的處境：先生意外喪生的驚嚇，暴力的傷害，威嚇討債的恐懼，家族霸凌的無奈和貧窮擠壓的絕望，我感動佩服單親媽媽那股來自內心強大的超越力量，那是在人類能承受的極限痛苦與壓力之下，所迸發出女性超越的力量。

當背後沒人靠，只能靠自己的時候，當傷口沒人敷，只能自己敷的時候，單親媽媽仍然可以扛起不知道有多重的重擔，可以熬過不知道何時會天亮的黑暗，可以走過不知道哪裡是盡頭的崎嶇，這樣超越萬般艱難的力量，我在書中十五個單親媽媽的故事中，看到見證。

在書中，我看到單親媽媽超越者的力量，是來自於愛，勇氣與堅持。因為愛，所以有勇氣，因為勇氣，所以能堅持，就是因為愛，勇氣與堅持，讓單親媽媽成為浴火鳳凰，展現出超越原生本我命運的強韌，走出巨創之後的新人生。

單親媽媽給我的一堂課就是：用超越的眼光，看待自身的痛苦，不看痛苦有多深，但看希望有多大。用超越的信心看待自己的未來，不看自己的侷限，但看無限的可能。

謝謝家扶基金會，持續地一路扶持單親媽媽與她的家庭，在單親媽媽艱辛的旅程中，點亮一盞燈，讓前面的路亮一點，伸出一隻手，讓握住這隻手的時候感到溫暖。萊雅致力於美的產業，單親媽媽所展現出女性超越者力量的美，讓我們動容。我們要為單親媽媽出一份力量，尊榮單親媽媽，這是我們出這本書的目的。

單親媽媽，擁有超越者的女性力量。

單親媽媽，就是超級英雄。

序文／

不要害怕成為手心向上的人

趙犁民／家扶基金會董事長

生活中總有大小不同的逆境，有人選擇逃避，有人坦然接受，努力與命運奮力一搏。家扶長期在扶助實務現場，看到許多弱勢女性家長面對困境，雖然沒有籌碼，但憑藉著勇氣，活出屬於自己的精彩人生！我們長期關注各種貧窮議題，且服務的家庭有超過半數為單親媽媽，為了子女及家庭，在困境底層一路奮鬥支撐，堅定的毅力真讓人感動。為了幫助弱勢家庭自立，家扶透過多元脫貧課程，有計畫性地培養家長技能與專長，也設置家扶幸福小舖，整合職能訓練和就業機會，讓家長透過學習經營與銷售外，也能擁有生產技術與工具。另外，更積極連結社會資源，提供創造收入的多元機會，除了因應家庭照顧需求，同時在家就能生產製作。我們所致力的，是協助家庭能夠脫貧自立為目標，然而過程中所滋養的，更是助於能與子女翻轉貧窮、持續前進的能量。

萊雅集團《蘭蔻 Lancôme》響應法國母公司全球性公益活動「Write Her Future 共寫未來」，與家扶一同關注弱勢女性議題，透過捐款、公益彩妝保養課程的合作，幫助台灣各地弱勢媽媽建立自信、發掘美麗，今年邁入第四年。本次合作出版公益書籍《人生很難，你不必再為難自己》，販售所得版稅全數捐給家扶，書籍內容為十五位家扶扶助或自立的女性單親家長或自立兒少的故事。瑞芳、小莉、文玉、惠蓁、雅蕾媽媽「永遠不放棄、勇敢走下去，將不可能轉為有可能」；雅慧、招吟、金雪、映彤媽媽「把困難、挑戰說出來，不要自己埋頭苦幹，自助人助、走出低潮人生」；自立青年古又文、張仕勛、簡明正「解決問題，不要讓問題解決你，突破心中的那個坎。凡事不要先看到困難，要先看到機會」；自立青年徐嵩明、黃雅玲、林思華「不放棄堅持到最後，凡事盡全力做、活好每個當下，當你相信事情會成功就有勇氣前進」。

家扶在扶助與陪伴弱勢兒童及家長的過程中，謝謝許多溫暖的推手，每一位受助者更有令人感佩的生命故事。期待藉由這本書籍的出版，勉勵人們即使面對困境，也能像家扶媽媽一樣，不要害怕成為手心向上的人，不輕易放棄、勇敢開口求助。在有能力時，能不忘施予、幫助他人，讓愛傳播社會需要的角落，成為一個善的循環。家扶這個大家庭，有著屬於台灣人特有的溫暖記憶，希望這一份乘載您我的愛能延續，成為社會溫暖的力量，好家再有你！

序文／

單親的試煉，讓女人從一朵溫室玫瑰，長成一片充滿力量的花園

呂馥如／台灣蘭蔻品牌經理

「Write Her Future 共寫未來」計畫是蘭蔻台灣首個公益計畫，著眼於現代社會中，一群因生活跌宕低潮而漸漸失去自信的女性——單親媽媽！蘭蔻「Write Her Future 共寫未來」公益攜手家扶基金會的培力計畫，透過每年持續捐款、提升自信心的美妝課程與增加就業力的職訓課程，為家扶所扶助的單親媽媽們應援。除了直接服務七百五十個單親媽媽與她們的家庭，更透過每一年的社群宣傳，感動數百萬名網友，同時，囊括大眾的愛心，間接改變了社會對弱勢單親家庭的偏見與刻板印象，成為全球萊雅持續支持的公益計畫。

同樣身為女性與母親，參與共寫未來公益計畫的過程中，若你問我最能同理的是什麼？絕對是這些單親媽媽的「選擇」。看見書中的單親媽媽，有人因為獨自撫養罕病兒童而辛苦生活、有人則是喪偶人生驟然變天、有些則是懷抱著滿滿勇氣為孩子遠離不健康的婚姻。在已經很難的單親旅程中，單親媽媽們一肩扛起教養孩子、家中經濟，甚至得面對外在對於單親的不友善。為了改善生活，她們選擇正面迎接生活的挑戰，選擇承擔生命不可承受之重，選擇在夜深人靜時逕自孤單，堅強地透過參與課程提升自我進一步實現更好的生活，堅持傳遞愛給孩子，讓他們帶著這份愛茁壯而有能力再貢獻於社會！單親媽媽個人的選擇，如同蝴蝶效應般影響著一個孩子的人生走向、一個家庭的幸福，甚至影響著社會愛的能量。

出版書籍是一個全新的挑戰！在這個社群上從來不缺乏幸福畫面的世代，感謝書中十五個動人的故事，不論是獨立照顧孩子的媽媽，或是自小從單親家庭長大的孩子，透過這些既脆弱卻堅強的故事，讓社會上許許多多單親家庭不再感到孤單。不論環境或際遇，女性獨有的天份，正是透過不斷學習進而自我實現，並且用愛與分享傳遞能量予他人，堅毅的女人從一朵溫室玫瑰長成一片充滿力量的馥郁花園，這樣的信仰將支撐我們的人生，活得更加充實精彩。

目錄

CONTENTS

Part 1　破出爛泥而綻放的花

Part 1

破出爛泥而綻放的花

無法將你擊敗的，必使你勇敢，
點亮生命的光，你就是最美的自己。

Story 1

認命不認分的客家硬頸媽媽

不斷提醒自己「別怕」，要為孩子打造一個家，一個因彼此扶持而堅不可摧的避風港。

台中市新社農會職員　劉瑞芳

TOYOTA
TOYOTA
25

當老公病逝時，鄰里長輩們那句：「這就是你的命，你要認命。」儘管老一輩的說法令人心裡著實難過，但身為三個嗷嗷待哺幼子的媽媽，我知道：雖然這是我的命，可是我認命，不認份，下定決心要為自己與家人努力拚搏，「給孩子一個好未來」！這是我的選擇，沒有逃避，而是硬頸迎上去。

經過十多年的努力，我終於從貧困中爬起，在農會有一份正職，當年嗷嗷待哺的孩子如今也已長大

成人，我的大兒子從空軍官校畢業，目前已是一名飛官，二兒子與小女兒也分別就讀軍校及高中，三個孩子貼心懂事，品行善良，從來不讓我操心，讓我感到欣慰。

一場病，打碎一個家的夢

回想過去，在我老公尚未離世前，我們一家五口原本過著平凡幸福的日子，不料另一半被診斷出肝硬化，讓家庭蒙上一層灰。老公過世前已經病了三、四年，看著他日漸衰弱的身體，我的心裡真的很無助，也越來越擔心家裡的狀況，因為家裡還有三個年幼的孩子，只靠飲料店收入來支撐一家五口的生活，實在很勉強，還好醫藥費用有農保補助，在治療上尚且不用擔心。但是噩耗終究還是來了，二〇〇八年，老公留下我與孩子離開了人世，當時最大的孩子也不過十歲左右的年紀。

然而，不幸並未停歇，賴以維生的飲料店因競爭激烈而不得不選擇停業。我們的店在台中新社地區經營了十二年之久，過去當地飲料店不多時營收不錯，但隨著一些知名加盟飲料店的陸續進駐，生意越來越難做，後期飲料店的收入扣掉房租跟成本，只能打平，根本沒有盈餘。

最辛苦的那段時間，為繳交孩子的學費，我開始變賣結婚金飾，甚至一度因為買不起便當，只能讓三個孩子合吃一碗最便宜的陽春麵。因夫家親友對丈夫病逝的不諒解，不願伸出援手，讓我只能孤軍奮鬥，生活更加艱辛，但我知道為了孩子的未來，我必須要撐下去。

家扶與叔叔助其一臂之力

老公過世後遭遇最大的困境就是經濟壓力，我不怕過苦日子，卻擔心孩子學費的問題，讓孩子讀書是作為一個母親必須做到的事，我總是告誡孩子們說：「因為家裡的環境現狀不可能改變，唯有靠你們自己認真讀書，才能翻轉自己的人生。」

就在我孤立無助的時候，幸好有家扶及叔叔伸出援手。家扶為三個孩子提供長期的生活扶助，也協助申請一些獎助金，讓孩子生活不致匱乏；同時也鼓勵我參與家長生涯發展方案課程，學習職涯探索，記帳理財，以及烹飪、製作手工皂、清潔用品教學等多元的課程，積極規劃明確的生涯目標且努力實踐。

另一個貴人就是我的親叔叔，從事幼教事業的他認為教育很重要，就算日子再苦，孩子的教育也不能忽視，於是經濟上較為寬裕的叔叔，在徵求家人的同意下，每個月資助一些費用，提供孩子讀書使用。我的臉皮比較薄，不好意思主動伸手拿錢，叔叔還顧及我的面子，在每年的年初，一次性且主動給我十二個月的支票，讓我每個月逐月去兌現。這兩者的幫助都長達十年之久，就在我考上農會後才結束幫助。我希望將機會留給更需要幫助的人。

為求公職，考取堆高機證照

儒家有云：「人必自助，而後人助」，有了家扶與叔叔的幫助，我也極力為自己尋找更好的出路，以便對家庭有更好的挹注，尤其是當時飲料店的生意越來越不好，三個孩子也越來越大，支出隨之增加，入不敷出的營收恐難繼續維持，我心想自己需要找一份有穩定收入的工作。

做飲料店之前，我曾在農會上班至少十二年，加上飲料店離農會很近，平時都有往來，所以當農會有職缺的時候，他們便詢問我要不要回來工作，於是我把飲料店收起來，改至農會擔任臨時雇員。

臨時雇員畢竟是臨時約聘性質，薪水與福利皆不如正式職員，我希望有機會能轉為正式人員，而這個機會兩年後就出現了，農會決定招考新進人員，但報考者必須具備堆高機與小貨車兩張證照，才有資格報名考試。

老實說，我並不懂機械零件和引擎，所以只能花時間硬背下所有零件的樣式和功能；也從來不曾操作過堆高機，為了取得報考資格，只能比別人付出更多的時間學習堆高機的操作，尤其是堆高機車體有一百八十公分高，身材嬌小的我坐上駕駛座根本看不到前方貨叉，只好左右探頭，才能準確搬貨，學習過程辛苦又恐懼，但我鼓勵自己「別害怕，只有改變現狀才有希望！」每次都是利用下班時間去台中烏日學開堆高機，下課回到家時都已經是晚上十一點，回想起當時，剛好是冬季，晚上非常的寒冷，但我不願放棄任何機會，最終歷經半年考取證照。

不曾放棄，想給孩子一個家

即使面對這麼多的磨練，我也不曾出現「放棄」的念頭，我是一個很傳統的人，把孩子照顧好、教育好是身為母親應盡的責任，所以我沒有時間可以沮喪，咬著牙也要繼續撐下去，每天為了柴米油鹽奔波，也讓我沒有辦法去想其他的事情，孩子是讓我繼續往前走的動力。此外，我也會不時傳達很多正能量給孩子們，讓他們的心靈也能健康茁壯。至於一些灰暗的負面情緒，我很少在孩子面前顯露出來，只有孩子不在家時，才會一個人默默地難過掉淚。

我的三個孩子都十分懂事，家裡的經濟狀況他們都看在眼裡，也都想幫家裡減輕負擔，所以老大投身軍職，老二也就讀軍校，家裡就不用負擔他的學費，畢業後也能有一份穩定的工作，老么還在念高中準備考大學。看到孩子們如此懂事，讓我感到十分欣慰。

單親家庭這一條路走來雖然很辛苦，但我相信堅持下去，一定會看到豐碩的果實，總是會有黎明到來。過去曾有人問我是否有想過再婚？我的回答是「沒有」，孩子已經沒有父親，自己更應該一心一意去彌補那份缺失，而不是再婚讓他們不安。我們一家四口相依為命，

一路走來，一起面對生命給予的磨難，現在的我想給孩子們一個家，作為他們的避風港，無論外面風雨有多大，家都是你最堅實、最溫暖的港灣。

Story 1

認命不認分的客家硬頸媽媽

Story 2

靠清潔專業創業，妙手逆轉人生

這條路不好走，卻仍要堅持走下去。
彷彿在基因中刻入了一種很正向的能量，永不停歇。

優美家事清潔服務社創辦人　林小莉

女子本弱，為母則強。特別是離異後獨自扶養孩子的我，為給孩子更好的生活品質，想辦法多賺一點錢成了唯一的信念，因此從來沒有想過放棄或退縮，甚至加倍認真學習、努力工作，終於成功擺脫困苦的生活，並成功開創了自己的事業，也尋覓到能陪伴下半生的伴侶。

在一步步靠著自己的毅力逆轉人生，從過去「手心向上」的接受幫助，轉變為「手心向下」能幫助他人的過程，我也沒忘記當初接受

過的種種扶持，只要有機會就會不遺餘力的付出回饋社會，或是回到家扶分享創業心得，為其他單親的家庭鼓勵打氣。

拚命工作，收入仍入不敷出

年輕時我從台中遠嫁至高雄，最初婚姻生活也算平淡幸福，並育有兩個孩子。由於前夫家裡是務農的，經常需要長途開車運送蔬菜，為提振精神，他開始借助一些藥物，對此我曾多次與前夫溝通，他仍沒辦法改掉這個惡習，但我不希望孩子在這樣的環境中成長，於是毅然決然結束這段婚姻，把孩子帶回娘家獨力扶養。

剛搬回娘家定居時，一開始收入並不穩定，也換了很多工作。在找工作方面，我盡量以孩子的時間為第一優先，因為孩子已經缺少父愛，所以我希望能多一點時間陪伴孩子。只要工作條件能配合孩子時間、能養活孩子，我就會很積極地去爭取，不太挑剔工作，例如我曾開過復康巴士、賣童鞋、倉儲等工作。

對於孩子的教養，我從不假手他人，即便是自己的家人，因為不想再增加媽媽跟弟弟的麻煩，所以只要時間允許，我都是自己處理孩子的事務。同時我也希望孩子能越早獨立越好，因此只要孩子能學會，就盡量從小訓練他們，例如教他們要自己綁鞋帶、扣鈕子、拉拉鍊等。

離婚後要獨力養活孩子真的很不容易，我們的生活曾經一度非常拮据，甚至影響到孩子的經濟價值觀。以前因為收入有限，只能買麵包攤上的十元菠蘿麵包果腹，後來經濟狀況好轉，有能力買三十元的麵包時，孩子居然認為是浪費。這讓我恍然大悟，原來貧窮的生活已經深入孩子的心中。

為改善家庭經濟狀況，我嘗試過各式各樣的工作，也從中學會很多技能，例如在物流公司做倉管時，學會堆高機，這是一般女生很少願意去學的技能。對我來說，工作除了賺錢之外，也是一個可以讓我學習、挑戰的場所。

順利脫貧，專業創業有成

我自認是一個非常努力的人，可是當每個月打開存摺看到赤字、入不敷出的狀況，讓我感到十分無助，就這樣一個人苦撐了七年，直到在之前工作職場上認識的一位大姊跟我說，曾經她的大哥也是貧困的單親家庭，但後來藉由家扶及台中市政府的補助改變原本艱苦的生活，度過人生的低潮。

自從二〇〇八年接受家扶幫助後，我總算能喘口氣，靜下心找工作，同時為增加專業技能，我還參加了家扶的「居家清潔班」，開始接觸家事管理的工作。由於認真又專業的工作態度，我的家事服務逐漸建立起好口碑，家中經濟也漸漸好轉，之後更在社工的引薦下參加中國信託慈善基金會的「信扶專案」，並於二〇一二年成立「優美家事清潔服務社」。

回想當年，聽到有「信扶專案」時，完全振奮了我，因為我知道機會來了，終於找到可以發揮的舞台了。雖然創業初期收入並不高，但我仍決定於二〇一二年結束家扶的幫助，因為自己的生活已有改善，應該把機會讓給其他比我更需要幫助的家庭。

從當年接受扶助的弱勢家庭到今日創業有成，我認為是因為自己不怕困難的個性，在職場上、在生活上遇到任何的困境或難處，我都會想方法去解決、去克服，在心目中沒有什麼「難事」。加上自己是一個積極正面又有效率的人，不喜歡一直陷在悲傷裡面、處處鑽牛角尖為難自己，做事情也不喜歡拖拖拉拉，所以一遇上機會就立刻抓住，才能脫離貧窮擁有現在的生活。

勇敢再婚，開啟人生新一頁

四年前，我遇到了現在的老公，讓我決定再次相信愛情、步入婚姻！我和他是透過工作認識的，兩人都曾有過一段婚姻，失婚時間也都很長，因此在對話上比較投緣，也比較知道對方在想什麼，能夠相知相惜，在生活中也能互相扶持依靠，所以在交往一陣子之後，認定彼此的心意且渴望共組一個家庭，於是決定再為自己、也為愛情勇敢一次，我們說好簡單登記結婚，不舉辦任何儀式。

不過對於登記結婚一事，曾經，我身邊的親朋好友對我提出疑問，他們認為可以找個不錯的人生伴侶就好，但不一定要去登記結婚，讓自己再被婚姻綁住。對此，我認為自己的個性比較耿直，兩人也步入中年，用男女朋友互稱感覺很奇怪，而且結婚是一種關係的確定，我並不會覺得這是被綁住。

我的前半生大多為父母、為孩子而活，現在家裡的經濟狀況穩定，孩子也漸漸長大，總算可以放下心中的大石頭。接下來的後半生，我想做自己想做的事情，特別是能多做一些公益與奉獻，近幾年，我們夫妻一有空就會參加義工團，因為老公從事房屋修繕工程，所以我們常會配合義工團去幫一些弱勢家庭修蓋房子。

如果為人生打個分數，我給自己七十五分，但在孩子眼中我可能不太及格，因為我這幾年賺了很多錢，也賠了非常多的錢，孩子們覺得我做事情太積極、太有效率，也因此常判斷錯誤而賠上很多辛苦錢，日前兒子才對我說：「媽媽你很精明，但你不聰明」這樣一句話，我了解孩子心疼母親的辛苦，因此告訴自己：凡事都要三思一下、放慢一下，深思熟慮之後再做決定。

投資自己，永遠不放棄學習

受到本身個性的影響，我的處事原則一向是「靠自己，不靠別人」，我也用這樣的觀念教育孩子。今天我能擁有這一塊小小的天

優美家事清潔

地，既有別人給我機會，也是靠我自己用心打拚出來的，所以如果未來有留下就是你們的，如果沒有留下任何東西，你們也要靠自己拚得一片天。

想改變逆境，就不要放棄投資自己，並一直不斷地學習，隨時讓自己處在準備好的狀態，當機會來了、時間到了，自然就有翻轉的一天。面對挫折與困難時，不要害怕吃苦、也不要怕學習，放手去嘗試就對了。人生本來就會一直出現一些新的狀況，遇到了波折就把它當作考驗和經驗累積，學到的別人永遠偷不走，這些都是未來跟人家談判的籌碼，只要通過考驗後你就會成長茁壯。

我這一生就像打不死的蟑螂，越挫越勇。即使到現在，我仍有很多事情想做，還想奉獻更多，彷彿在基因中注入了一種很正向的能量，永不停歇。

Story 3

不畏屠宰場的腥臭，一肩扛起五口未來

「勇敢堅強下去，永不放棄。」

無論生活多苦，心裡還是存有一個小小的願望，想要一場很正式的婚禮，或拍一張婚紗照當紀念也可以。

榮獲二〇二〇年家扶全國自強母親表揚　蕭文玉

瑞氣滿門添富貴
春
福
Felix
the
Cat

俗諺說：「夫妻本是同林鳥，大難臨頭各自飛」，在災難面前，有些人選擇各自安好，有些人願意與君共患難。面對因車禍意外而癱瘓的老公，與其哭天搶地不知所措，不如樂天知命去面對，所以我選擇不畏眼前困難，獨力扛起家中的生活重擔。

還好我們選擇不放棄生命，且在多年的努力堅持下，老公的復健狀況良好，已經能開始利用拄杖行走，而三個兒子也都很乖巧懂事，各自在工作上、學業上努力著。目前大兒子已經步入社會開始工作；二兒子就讀高中，為減輕家裡負擔半工半讀；小兒子就讀國中，曾獲選為台灣軟式網球隊國中男子組代表隊選手，而我自己也有幸榮膺二〇二〇年家扶全國自強母親代表，終於從陰霾中走出，一步步邁向光明。

車禍癱瘓，家中頓失支柱

我與老公從中學時期開始交往，愛情長跑之後結婚，育有三個兒子，我們一家人與公婆及小叔同住，小叔因小時候發燒過度造成智能障礙，生活無法自理，因此這一大家子全靠我與老公在營造廠工作養活，生活雖簡單無華、但也樸實幸福。

發生車禍前的那段日子，我們正在幫忙建造屏東火車站的月台，兩人每天早上六點多就騎摩托車去屏東，工作到晚上七點多回來。直到有一天，他外出工作時和公車擦撞，導致大腿骨折，造成椎間盤突出壓迫頸椎神經，下半身癱瘓，突如其來的意外，讓家庭頓時陷入困境。

回想當時，接到意外消息當下好像突然失去目標方向，但現實狀

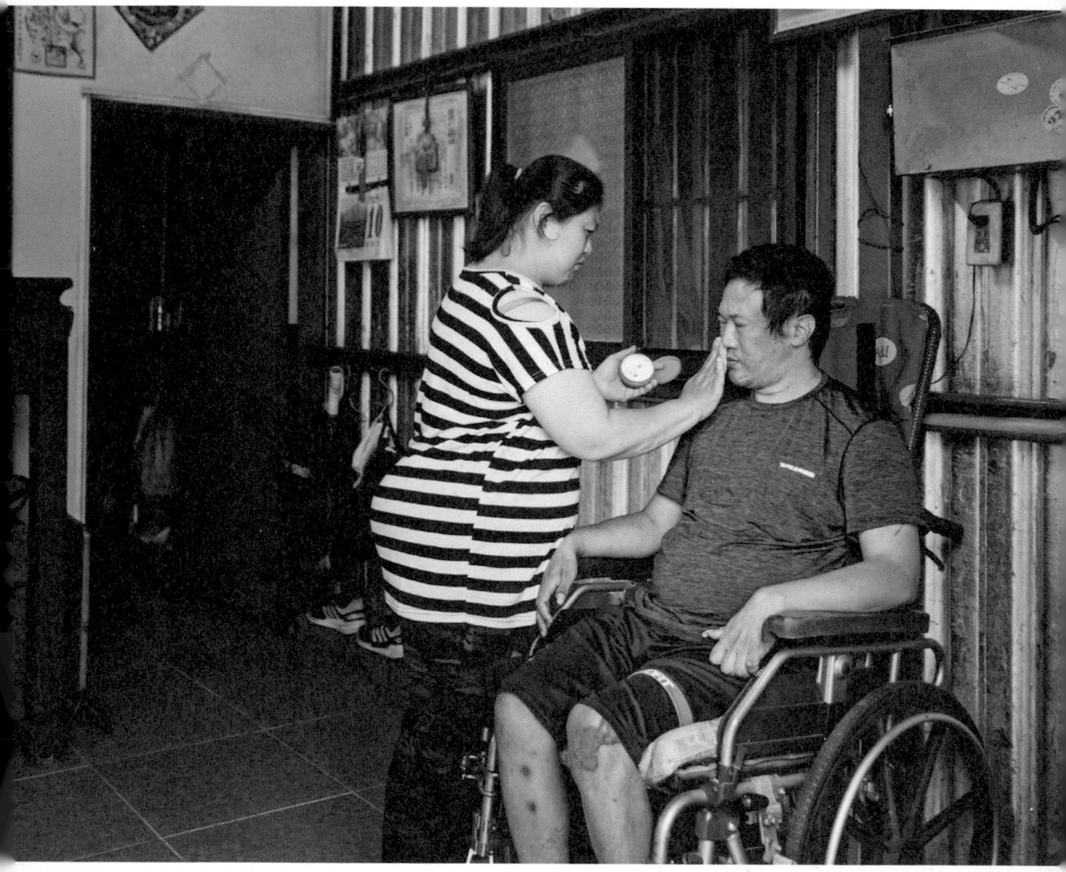

況、一個接一個的問題朝我撲面而來，例如老公是否轉院、是否插管等等，迫使我必須馬上面對。因為老公的腳有粉碎性骨折需要開刀，手術後還需留在醫院進行術後復健，醫生協助我們辦理重大傷病，減輕不少醫療負擔，雖然對醫生來說可能只是舉手之勞，但對當時的我來說，卻是很大的幫助。

手術後本來應該留在義大醫院進行術後復健，但醫院的人實在太多，復健師沒有辦法跟患者一對一做復健，於是我們選擇住家附近的醫院進行復健工作。我記得他剛出院的時候，全身都不能動，只有眼睛能動，讓我與家人對他的病況感到憂心，所幸進行三個禮拜的復健之後，他就能支著拐杖慢慢地走動了，感謝老天的保佑。

屠宰場工作，扛起全家生計

自從老公發生意外後，照顧全家人的重擔落在我肩上，既急需收入解決家計負擔、也需花時間幫助老公復健，再加上原本在營造廠的工作太粗重，我沒辦法獨自繼續，因此我開始為家裡的生計所苦惱，後來在婆婆的朋友介紹下，進入旗山豬隻屠宰場工作。由於屠宰場的工作時間是從晚上十點到凌晨兩點，每天工作四小時，白天仍有一些零碎的空暇時間可以運用，於是我除了忙於家務與陪伴老公復健外，偶爾也會抽空撿拾紙箱、寶特瓶，雖然能換取的收入不多，但我還是盡量多撿一些，希望能多少貼補家用。

想起剛到屠宰場工作的情形，空氣中飄散著濃烈的血腥味，處理豬隻內臟、腸胃時，總伴隨著糞便味道，讓我不時地感到作嘔，但是屠宰場的薪資穩定，工作時間也短，再想到全家生計也仰賴這份薪

肥料品目(編號)
肥料登記證字號
廠牌商品名稱
淨　重：40公斤
使用說明：
8.禁止用於食品。

水，就強忍下噁心反胃的不適感，靠著堅強的意志支撐，持續工作至今。

在屠宰場的工作雖然能讓家中有固定的收入，但是比原本在營造廠工作的收入少很多，於是經朋友介紹，我申請了家扶的補助，不用擔心孩子的教育費。此外，最近也在老公朋友的介紹下，早晚去私人的廟宇負責做點香與倒茶水的工作，薪水不多，但多少能補貼一些家用。還好我的孩子都很乖巧，在家裡生計陷入困境時，三餐吃得再簡陋，他們也都毫無怨言。

勇敢走下去，放棄也沒用

面對艱困的生活，我從未放棄過，「勇敢走下去，放棄也沒有用」是我時常對自己說的，因為如果自己放棄了，孩子因此誤入歧途怎麼辦？到頭來只會懊惱為什麼之前沒有好好陪伴他們長大，所以放棄的念頭從來就沒有出現過。我相信只要「不要氣餒、不要放棄」，等待孩子長大後，眼前的這些困難也會自然消失。

此外，我也很感謝許多朋友的幫忙，因為自己不太會主動開口跟別人求助，還好朋友看到我生活得很辛苦，主動告知、介紹工作與補助。甚至在我老公住院期間，他的朋友們時常抽空探病外，還包了不少紅包給我們，後來就是靠這筆錢才有辦法繳清住院的費用。

其實老公剛出院時，曾因癱瘓而導致脾氣變得很糟，我只好不斷地安慰他說：「你還有媽媽、還有孩子在，不可以這樣消極下去，要振作起來。」畢竟意外已經發生，未來日子還是要繼續過下去。經過我的安撫之後，他的情緒也逐漸穩定，並且持續復健。還有另一個讓他開始轉換心情的原因，就是他有一位從小一起長大的朋友，會不時地南下來探望他，同時帶我們一起外出逛逛、透透氣，所以目前老公的心情已經開朗許多。

「勇敢堅強下去，永不放棄」這句話就是我的人生寫照，我認為自己是一個樂觀開朗的人，個性也很堅強，有困難會自己吞下去並努力熬過；雖然辛苦，但我不讓自己停在原地、勇敢向前走，所以我堅信自己能守護好這個家。如果要我為自己的人生打分數，我覺得頂多八十分，不夠的二十分是因為還有兩個孩子在念書，等到他們畢業找到好的工作，甚至出人頭地的時候，擁有一個很好的未來、走上屬於他們自己的幸福人生，這樣我的人生才算圓滿。

事實上，我與老公一直沒有登記結婚，因為我們在中學時就認識並且交往，兩人當時還太年輕，所以我的父母親非常反對，但是當年的我很叛逆，堅持要跟老公在一起，後來懷孕了，我父母只好默認這椿婚事。之後又因為忙著工作、養育孩子，而無暇去處理登記的事情，直到去年才辦理結婚登記。

目前家庭狀況相對之前已經稍微好轉了，現在的我，其實還有一個小小的願望，就是希望在不久的未來，能有機會舉辦很正式的婚禮，或者退而求其次，可以拍一張婚紗照當紀念就好，為我們的愛情做一個美好的紀錄，讓身邊的家人、朋友知道我很幸福。

Story 4

逃離家暴獨力扶養孩子，感恩回饋樂當志工

「三個孩子就是我的意志力。」
人生要走多久不知道，不要讓自己的人生活在過去，
而是要努力把人生填滿，這樣才沒有遺憾。

家扶「用愛包圍」親代志工　吳惠蓁

M2R
HELMETS

曾以為婚姻是幸福美滿的，沒想到卻是一連串的暴力，為避免孩子與自己身處恐懼中，我帶著孩子逃回娘家，多年後事過境遷，我已經把家暴事件放下，很多事情只有放下，才能做回你自己。因為人生要走多久沒有人知道，我不想讓自己的人生停留在過去，我想把人生填滿，這樣才沒有遺憾。

當年跟我一起逃出來的孩子已成年，並投入工作職場，我常常告訴她們，忘記過去不好的回憶、好好過自己的人生，過去我們得到很多貴人相助，以後也要成為別人的貴人。今年初，我們終於買了一間房子，有了自己的家，有了我們的根，也一圓我人生最大的夢想。而我下一個夢想就是出國旅遊，讓從未出國的自己不留下任何遺憾。

逃離被暴力籠罩的家

回想起過去的那段婚姻猶如一場惡夢。我十八歲時結婚，與前夫在中部生活，直到腹中的大女兒快分娩時，才因婆家的要求搬回去同住，婆家位在鄉下地區，工作很難找，於是前夫就去做粗工養家，而我則在家帶孩子。原本生活也算過得平穩，但沒想到前夫在工作時沾染了喝酒、賭博的壞習慣。他的個性太容易受到別人影響，意志不夠堅定，加上他的一些童年玩伴因單身沒有家庭觀念，常邀他到處花天酒地。

一九九六年底，前夫因酒駕發生車禍，當時老二剛滿一歲，我的肚子裡還懷著老三，為了救他一命在加護病房裡奔走。等到生下老三之後，因為前夫車禍受傷沒辦法工作，只好由我擔負起家計責任，於是靠著經營檳榔攤養家，直到兩人離婚後才把檳榔攤收起來。

當前夫恢復健康並找到工作之後，我便主動提出離婚，因為在他沒有工作的那段時間，每天都跟朋友去喝酒，喝醉回家就會出現暴力行為。再加上因為檳榔攤的生意，我常有機會與其他男人互動，他不斷懷疑我跟別的男人有曖昧關係，每天回來都要鬧，讓孩子很害怕，只要一聽到前夫回家的聲音，就立刻跑去房間躲起來。

至今想起仍心有餘悸，他曾經在半夜裡，抓著我的頭髮從樓上拽到樓下。面對他一次次的暴力，我一直很理性地試著跟他溝通說：「今天你不為這個家負責任沒有關係，但不能這樣對待我們，甚至威脅到我們母女的生命安全，讓我們活在恐懼之中，我們真的沒有辦法再共同生活。」最後在彼此無法達成共識之下，我只好帶著三個女兒逃回娘家，讓雙方家長出面溝通，才得以如願離婚。

投資被騙，差點走上絕路

還沒離婚前，我前夫在外面欠了一屁股債，當時的我只想逃離他，只好把債務擔下，也帶走孩子。我不敢把三個女兒交給他，萬一發生什麼事，我這輩子一定會活在悔恨當中，甚至連自己也會活不下去。

為養活三個孩子，我做很多份工作，例如業務、拉保險、賣車等，一心只為賺錢養家，卻因遭朋友欺騙去投資而損失一大筆錢，讓家中的經濟狀況雪上加霜。這讓當時的我感到很失意，原本想盡快改善生活才投資，沒想到損失更大。不好的事情都接踵而來，我覺得人生還有什麼意義？甚至跑到高屏大橋，差一點就一躍而下。

情緒陷入谷底時，我曾打電話求助張老師熱線，希望透過他們能尋求一個解答，可惜當時張老師熱線的回覆未能及時幫助到我，這也讓我瞬間明白，沒有人可以真正理解別人的困境，因為這是自己的事情，於是我決定拾起精神繼續努力打拚。

當我決定從頭開始時，剛好遇上一位同病相憐的朋友，兩人一同前往家扶尋求協助，讓我在經濟上可以鬆一口氣。同時也找到一份固定的工作以及一份兼職，每天努力不懈地在工作，半夜兩點多就去市場，逐一將蔬菜送到客戶手上，中午過後就到檳榔葉大批發工廠整理檳榔葉，即便做到全身痠痛，但藥膏貼上還是繼續工作，只希望能給孩子們更好的生活。

永不回頭，勇敢向前走

從別人的眼中，或許覺得我是一個開朗活潑的人，但卻無法看到

Story 4

逃離家暴獨力扶養孩子，感恩回饋樂當志工

我的人生曾遭遇多次重大的挫折，這就是一個人生的過程。人生最低潮的那段期間，我常暗地背著孩子偷哭，不敢讓孩子知道我的狀況，那時候他們還小，可能也沒辦法理解，只知道媽媽每天很忙不在家。

而讓我重拾勇氣的原因，就是三個乖巧懂事的孩子，她們一路陪我走來，是我精神上最大的支柱，我的生活因為有她們才有動力；我的三個女兒就是我的意志力，我的意志力告訴我說，我要撐住，我不能放棄。

這些年來我為生活一直埋頭工作，女兒們都勸我：不要做得這麼辛苦。其實這也是人生的一種樂趣，我把賺錢當作是一種樂趣——如果是為了錢，你會覺得很辛苦，如果把它當成是樂趣，你就會覺得很好玩。而且心裡不去想就不會累，人最累的是你心裡的挫折，當你的心覺得平靜的時候，你就不會被挫折感所打敗，這樣你就能夠把工作當作樂趣。

我的個性是從不回頭看，從以前就告訴自己要往前走，所以過往的很多細節我也忘了，因為不再去想過去的事。不過，今年母親過世之後，心中又再度產生一種挫折感，覺得自己突然喪失了一個依靠，所以有一段時間生活都沒有動力，連女兒都建議我去看看心理醫生。

現在我已經漸漸走出來了。母親過世後的這一年，我又改變了自己的心境，以前我一直在努力賺錢，現在會想多花一點時間陪伴家人，還要放慢腳步，要不然沒有健康的身體，也沒辦法好好過我自己後面的人生。

如果給自己的人生打分數，我給自己九十分，但是當媽媽的話大概只有六十分而已。九十分是打給自己人生的分數，因為我一直很努

力的在過生活，面對人生的困難不輕易放棄；但是對於母親這個角色，剛好及格而已，因為我對孩子一直懷有虧欠，沒辦法給他們像別人一樣的家庭。我母親是我人生的支柱，所以我現在也要做女兒們的支柱。

過去有家扶的資助，讓我挺過最艱難的時刻，現在我也要回饋社會，我報名參訓成為家扶兒童保護的親代志工伙伴，將感恩付諸行動，並以自

己的經驗鼓勵正在受扶助的家長及孩童，希望他們能抱持著「只要不放棄自己，就會有希望」的想法，勇敢放下過去不好的回憶，不要再拿過去的惡夢為難自己，並積極面對困境向前走，這樣便沒有什麼事是困難的；反之，放棄的話就什麼都沒有了，面對未來，自然會有貴人出現幫忙，就像我一樣，一路走來遇到無數的貴人相助，幫助我走出困境獲得嶄新的生活，未來，我會竭盡己力回饋社會對自己的幫助。

Story 5

承受家毀人亡之痛，苦讀成社工回饋社會

「要把困難、挑戰說出來，而不要自己埋頭苦幹。」雖然有低谷，但要堅信天無絕人之路。

家扶基金會社工　洪雅慧

事情還沒發生前，從未想過，摯愛的老公會在我懷孕八個多月時，車禍身亡了。我憶起托爾斯泰曾說：「選擇你所愛的，愛你所選擇的」，因此對於自己選擇的路，我會不畏艱辛義無反顧的負責到底！帶著兩個孩子走過人生低谷，現在想起，這寶貴的人生經驗，其實是從創痛的過程中得來的，生命中一定會有很多考驗在等著你，只要你勇於接受挑戰，最後一定會體會到成功的快樂跟甜美。

在我最艱難的時刻，曾經接受家扶六年七個月的扶助，受人點滴當湧泉以報，因此下定決心要「加倍回饋」，經過八年的苦讀成為家扶社工，至今服務已近十八年，期望以自身經驗鼓勵扶助家庭，走過苦痛，每每看見這些家庭因我而有所改變、變得更有動力，就感到幸福。

一場車禍　家庭分崩離析

意外總是來得這麼突然，前一秒與老公還一起用餐，下一秒卻天人永隔。接到醫院的來電時，我仍不敢置信，當時我們有一個一歲多的兒子，我肚子裡還懷著八個月大的女兒。當我趕到醫院時，老公因腦袋破了一個洞必須轉院動手術，就在轉院的途中，老公竟自行拔管想放棄急救，因為他擔心就算急救成功，也可能淪為植物人而連累我和孩子，回想起當時，心中仍不由得感到一陣心酸。

當年老公因與家人關係緊張，於是決定離家自食其力，沒想到不到一年他就發生車禍過世，對於老公的離世，婆婆一直無法諒解我，她認為若當初沒有搬出去住，也許悲劇就不會發生。而對我來說，當下最重要的是治喪問題，請葬儀社處理勢必需要費用，但公婆卻對此置之不理，讓我心寒，只好打電話給自己的父親，請他帶二十萬現金來夫家，才解決了老公後事的問題。喪禮過後，懷有身孕的我深知夫家不會給予任何幫助，所以選擇回娘家待產。

雖然父母讓我回家待產，但因為阿公是一個很傳統的人，認為嫁出去的女兒是潑出去的水，不應該再回家住；此外，儘管是非自願單親，在當時，左鄰右舍依然會出現許多流言蜚語，而我，也做好了心理準備。

用八年念一個專科、兩所大學

在娘家生下女兒也坐完月子之後，為養育一雙兒女，我開始思考維持生計的方法，於是在家做手工、剪檳榔，靠著微薄的收入養活一家三口。就這樣勉強生活了大概三年，忽然發現，日子不能這樣過下去，孩子一天天長大，需要更多收入來扶養他們，於是我跟父母商量計畫再進修，未來找工作也比較方便。終於在一九九八年順利進入二專就讀，因為是假日進修班，只要周六日上課即可，平日仍可工作及照顧孩子。

就讀二專二年級時，遇上九二一大地震成了受災戶，於是進修部主任鼓勵我申請低收入戶，如此一來，學費可減免，成績不錯的話還可申請獎學金，多少貼補一些家用。九二一大地震後的隔年一月，負責災區的家扶工作人員來拜訪村幹事，詢問是否有需要幫忙的家庭，我便開始接受家扶資助。

為了能邊工作邊扶養孩子，當時的我打算朝著學齡前的照顧去發展，也就是想從事居家托育的工作，因此二專畢業後又進入二技就讀幼保科。由於二技讀的是夜間部，每天下班後從中寮到學校來回至少兩小時，求學之路十分辛苦。中途雖然一度想放棄，但我自知沒有放棄的本錢，所以只能硬撐過兩年。

後來就讀空中大學時，因為是周末班，我便帶著孩子一起去上課，我在教室裡上課，兩個孩子則在外面的書桌上寫功課，他們乖巧的模樣讓我心疼。就這樣，我花了八年的時間，讀了一個專科、兩所大學，然後取得保母與中餐兩張證照。這求學過程中多虧娘家的媽媽及阿嬤幫忙照顧孩子，才能順利取得文憑。我也深深感受到單親的日子，身邊若有人能扶你一把，真是莫大的助力。

重組家庭，扮演協調者角色

九二一大地震之後我一直從事社區重建的工作，協助勞委會在自己社區中進行永續工程、多元就業的服務，二〇〇四年以後類似的案子越來越少，就在我面臨失業之際，剛好家扶有一個以工代賑的職缺，於是我便因緣際會地進入家扶工作。

以工代賑只能領取基本工資，對家庭經濟僅是杯水車薪，如何增加收入是我當時所苦惱的事，幸好皇天不負苦心人，家扶正巧有一位事務員離職，這是一個正式員工的職缺，薪水也比較高，而我過去在社區服務時累積了寫企劃、核銷、辦活動的經驗，也正巧符合該職務的條件，於是在督導的推薦下面試成功，最終取得事務員的工作，之後又進入社工學分班進修，從原本的行政職成為目前的社工，至今已服務近十八年之久。

過去一直為生活與孩子奔波的我，從沒想到自己會再遇見人生的第二春。我在做社區重建的時候遇上現在的伴侶，兩人從相知到相愛，然後重組家庭。因為考慮對方家庭對再婚的感受不佳，對方也因曾有一段婚姻，所以憂心婆媳相處的問題，於是兩人達成一致共識——一起生活但不登記結婚。

在重組家庭中，對方也有一個孩子，比我兒子大兩歲，我的繼子出生六個月之後就沒見過親生母親，我與他父親結識之後，我們之間的互動很多、關係也不錯，甚至他的成長階段我都是以母親的角色出席。此外，他與我的兩個孩子相處得也很融洽，現在他們都獨自在外生活，三人會一起約定回家時間，雖然大家都住外面，但是彼此的心是在一起的。

除了母親的角色，我在家庭中也扮演調解者的角色，利用家庭會議的方式來解決家中的大小事情，在討論的過程中分析利弊得失，最終得到一個共識後去執行。同時，孩子們也很樂於分享工作上或是兩性上的狀況，他們常會問我：「媽媽您覺得呢？」彼此討論該如何調整，或應該以什麼心態去對待等。走過最辛苦的單親時刻，再次投入愛情、重組家庭，不是單靠一個人扛起一個家的感覺，是幸福而知足的。

單親的旅程讓我學會「要把困難、挑戰說出來，而不要自己埋頭苦幹。」當我遭遇困難時會主動請教他人，並從別人的經驗裡，找到很多解決方法。也因為我願意說出來，才會有很多貴人出現幫忙，如果你不說出自己的問題，身旁的人不清楚你的難處便無從協助。遇到人生的許多挫折，該如何重拾勇氣呢？相信自己一定會越來越好。即便很困難，只要熬過去，就一定可以看到曙光，未來的生活也會更美好。

Story 5

承受家毀人亡之痛，苦讀成社工回饋社會

Story 6

從死神手中搶回多重障礙兒

「人在困境中可怕的不是看不見路，
而是先認定自己無路可走。」
有時只要卸下心防，許多幫助和資源便會湧入生命。

特教助理員　陳招吟

東東，我懷胎十月的孩子，因多重身心障礙而被醫生斷言活不過八歲。一個人獨力撫養孩子，我告訴自己「面對，是解決困難最簡單的方法」，當面對已經很難的困境時，別再用負能量為難自己，因為「人在困境中可怕的不是看不見路，而是先認定自己無路可走。」

家中有身心障礙的孩子，壓力非一般人可以想像，更何況要獨力扶養。我與現年十七歲的兒子東東相依為命，東東是一個患有多重身心障礙的孩子，在生產時因缺氧造成腦性痲痺，七歲時又被診斷出「第十對第八節染色體異常」，全世界僅有四名病例，之後又陸續被診斷出患有妥瑞氏症、自閉症、過動症等多重障礙，被醫師斷言活不過八歲。

然而，再轉念後，經過這些年的努力，我成功地跨過心中的檻，找到與孩子共同成長的突破點。因此也鼓勵與我有相似經歷的朋友，讓我們互相勉勵能準備好隨時接受改變的勇氣，在時間的洪流中，但願這至暫至輕的苦楚，要為我們成就極重無比永遠的榮耀，因為愛是永不止息的。

挾孩子要債，離婚求自保

我與老公一結婚便與公婆同住，家庭雖不算小康，但尚可維持所需，然而在東東兩歲時，我發覺他竟然還沒法站立，於是趕緊帶他去兒童發展門診就醫，才發現他竟罹患腦性麻痺，須做復健，所以在取得身障手冊後，我開始送孩子到有復健老師的托嬰中心上課，但也因此與公公在教養上發生了分歧。

長輩疼孫無可厚非，但我希望能依照醫生、老師的方式去幫孩子

復健，讓他盡快跟上一般孩子的發展。兩方教養的不同步，讓孩子開始排斥復健，學會用哭的方式來尋求長輩的庇護，因此我只好與前夫商議搬出去住，讓孩子能夠專心復健，之後一家三口日子過得也算平順。

但好景不常，我開始陸續接到銀行的催討電話，才知道前夫辦理多間銀行借貸卻無法準時還款。起初曾試著幫忙償還，然而每天仍接到銀行的電話，讓我心力交瘁，進而影響到工作，回到家對孩子也越來越沒有耐心，經常發脾氣。

為了還債，我每天能省則省，一包十八元的蘇打餅乾一餐吃一格，再灌一大杯水就當作吃飽充數，想盡辦法把錢存下來，應付家用開銷和東東的醫療費用，前夫的薪水就拿來還債，期望夫妻同心度過難關。

直到一天，討債公司打電話來要挾，說他們在學校門口，如果想接小孩就拿錢來換。我不知道為什麼連小孩都要被牽連進來？為什麼我連小孩都保護不了？我痛苦地打電話給前夫，告訴他自己真的沒辦法繼續撐下去，於是兩人協議離婚，而我取得東東的監護權，那年他五歲。

染色體異常，只能活到八歲

原以為母子兩人就此能平穩生活，不料厄運再度降臨，東東七歲那年，經台大醫院確診為染色體異常缺陷，且醫生告訴我，孩子的身體狀況不是復健或醫療可以改善的，甚至生命可能只有短短幾年，要我做好心理準備。回想當時，抱著孩子恍恍惚惚從台北回到台中家中，安頓好孩子便坐在客廳看著他的基因晶片報告，一個人默默地哭了起來。我不知道自己還能為他做什麼，我不知道為什麼是我的孩

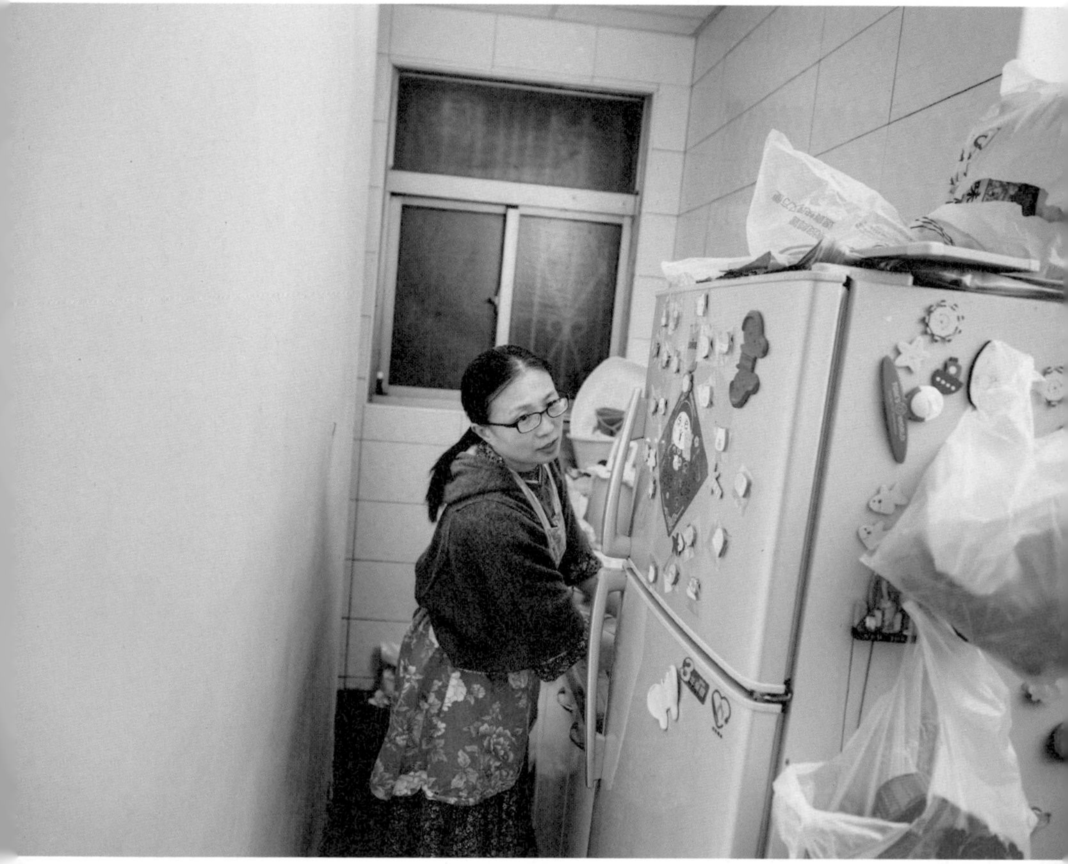

子？為什麼要我接受事實？為什麼上天要對東東這麼殘忍？

之後我又帶著孩子去其他醫院做基因檢測，都是相同的結果，甚至還檢查出妥瑞氏症和過動症，當下我真的絕望了。我每天就只是機械化的做完工作，接小孩放學，回家看著小孩吃飯、睡覺，日復一日，停了復健課、停了畫畫課，有時候乾脆請假待在家，只是一整天看著東東，彷彿他下一秒就會消散無蹤。

一段時日後，公司也察覺我的狀態不對，當時的老闆特地找我晤談，了解原委之後告訴我：「你的孩子不是被判死刑，他還活潑亂跳的在你面前，你如此消極應對才是浪費他的生命，你能做的數都數不清，但你卻選擇當他死了。」聽完他的話，我頓時感到憤怒卻無話可說，消極的態度的確對孩子沒有幫助，也不是身為母親該有的態度，我被一棍打醒，鼓勵自己：「我的孩子還有可能，我不能就這樣放棄他！」於是我重新打起精神，為孩子的未來擬定計畫。

管教過當，轉介家扶扶助

東東升上小學二年級後，過動的狀況加劇，經常跑不見人影，常常需要報警協尋。自己讀了許多關於過動的書，也向許多家長請益，但那些方法用在東東身上總是無效。我每天到學校、警局，替孩子說無數次的對不起，加上經濟壓力和前夫家人的干擾，這樣的生活讓我絕望到曾想要結束一切。

當時的我，實在是無助到不知還能怎麼叫自己勇敢，覺得這已經是盡頭了，甚至需要吃憂鬱症的藥來控制情緒。有時候除了發洩情緒，什麼也做不到，而東東就成了首當其衝的受害者，只要他犯了一點小錯誤就會被懲罰，我彷彿有了一種「能做的管教我都做了，不要再說我沒有教小孩」的錯誤心態。

而後我們家被轉介到家扶接受扶助。剛開始我對家扶是敵視排斥的，覺得又多了一群人要來批判我，所以態度相當冷淡，也不想讓社工來家裡訪視。但家扶社工還是不厭其煩的打電話關心，邀請我參加活動和講座，帶來物資、陪伴東東聊天，後來日子久了，也逐漸不那麼抗拒。

就在我放下戒心之後，才從家扶社工口中得知，其實他們從沒想過要來指責我或限制我，單純的只是看見我急需有人幫忙，也想讓我學習更適合東東的教養方法，希望能幫忙減輕一些負擔。我聽聞後相當羞愧，一直以來我都沒有真誠以待，但社工卻願意耐心的陪著我們、關心我和東東，讓我想起《愛的真諦》裡說的「凡事包容、凡事相信、凡事盼望，凡事忍耐，凡事要忍耐，愛是永不止息」，或許我只是暫時被現實生活壓制得忘了怎麼去愛，有這樣願意陪在我身邊支持著我的人我卻視而不見，心態不正確，帶來的結果自然也不是美好的。

自助人助，走出低潮人生

於是我開始接受建議，去上一些親子課程，學習教育孩子的方式，從過去衝動的打罵，改為先把自己抽離，冷靜之後再繼續處理，也讓孩子有機會學習要為自己的行為負責。由於孩子過動常讓老師疲於奔命，於是我決定離職陪讀，讓東東免於被迫轉學。

為了能兼顧陪讀與生計，我參加手工皂師資班，也參加政府單位的韌力計畫課程，學習一些理財觀念和經營要領，再加上親朋好友的幫忙，以及家扶的補助，生活漸漸步上正軌。當你有所行動，想要改變並真的執行，就會有更多的人願意來幫助你，許多的資源會湧進你的生活，支持著你繼續往前走，這是多麼令人感謝的事啊！

扶養身心障礙的孩子，不論家庭經濟如何，都不是一件容易的事，我聽過許多類似經歷的家庭故事，更能感受到生命的堅韌和信心的重要。孩子的成長也是我們學習當父母的過程，我們都在努力成為孩子的支柱和榜樣，只是這條路我們會比起別人多了一些自己的番外篇，可能不會走得太順遂，甚至跌跌撞撞滿身傷痕。

走過這幾年，我體悟到人們總是把自己看得太重，不僅矇住自己的心，也拒絕了別人的幫助。有時候需放下自身的想法，單純地去看待困難本身，往往更能找到突破點，更知道該往哪裡尋找協助。不過，這不是一件容易的事，需要一次次的嘗試，累積多次的成功經驗後，才能越做越輕鬆。

Story 7

學得一技之長擺脫債務，求助者一夕化身助人者

「我很感謝以前的辛苦，那是我的動力。」

人生從負分到接近滿分，還要預留一些加分空間，用來充實自我與回饋社會。

家扶資深志工　鄭金雪

看到現在自信從容的我時，你絕對不會想到，有五個孩子的我曾經歷過家暴、恐怖追債及窮困潦倒，甚至一度想走上絕路等糟心事，對當時的我來說，人生真的很難。

沒有經歷過生活的磨難，無法體會平凡過日子的美好。我原本只是一個很平凡的家庭主婦而已，沒有那麼多的夢想，也沒有那麼多的抱負，只想平平凡凡過一生而已。但經歷了這些苦難之後，參加了一些課程以及老師的暖心開導，讓我有了自己的想法，讓我覺得自己還可以做更多的事，也可以有自己的夢想。既然人生已經那麼難，就別再站在烏雲下為難自己了。

債主侵門踏戶，被迫代夫還債

我與前夫尚未離婚前，兩人育有五個孩子，前夫是一個不負責任

Story 7
學得一技之長擺脫債務，求助者一夕化身助人者

的人，有錢不會拿回家，沒錢卻會回家來要，每次要不到錢就會摔東西，讓我心中備感恐懼，孩子更是害怕得四處躲，當時孩子都還很小，最大的國小一、二年級，最小的雙胞胎才剛學會走路，因為環境的因素，竟讓孩子對於應該感到溫暖的家卻會心生恐懼，讓我格外心酸，心情十分低落。

因為前夫從不拿錢回家，我必須在家照顧五個年幼的孩子，但為了維持家庭生計，只好拿一些成衣加工回來做，同時做保險、賣直銷商品以及打一些零工，用這微薄的收入勉強生活，直到五個孩子都上學了，才有辦法外出工作賺錢養家。

貧苦的日子已經讓人難受了，沒想到更可怕的是有債主上門來討錢。因為前夫向地下錢莊借錢，每當債主上門討債時他都不在家，讓我與孩子獨自面對凶神惡煞的債主。記得有一次債主來到家裡，我正

在車衣服，縫紉車上面有把剪刀，債主突然拿起剪刀對著我們，我與孩子都怕極了……最後，雖然沒發生什麼嚴重的事，但我仍心有餘悸，我告訴前公婆有債主上門的事，但他們卻說沒什麼好怕的，認為對方不會真對孩子下手，然而我不敢大意，覺得債主的威脅很嚴重，因此產生了離婚的念頭。

記得曾有一段時間，夜晚來臨時家裡都不敢點燈，深怕被債主知道有人在家，但即使晚上沒開燈，債主還是會不斷敲門，敲得很凶很重，當時我與孩子都不敢動，十分害怕。我不能讓孩子長期處在恐懼之中，於是硬著頭皮和地下錢莊協議並簽下本票，一個月還款五千元，直到還完為止，這件事情才告一段落。

放棄監護權，離婚為求自由

由於前夫長期不顧家庭又債務纏身，我不想讓孩子生活在暴力的環境中，因此決心要離婚。但當我提出離婚時，卻遭到前夫與孩子們的反對。一開始孩子們不是很認同，因為父親再壞還是父親，父母離婚成為單親家庭，對他們來說也不是好事，畢竟社會大眾對單親家庭並不友善。

至於前夫反對的原因並非還有感情，主要是兒子的監護權及房子的所有權。他是一個非常重男輕女的人，只要兒子不要女兒，只要我願意把兒子的監護權，連同在我名下的一間房子給他，他就答應離婚。

離婚時孩子的歸屬問題，也讓五個孩子為此吵了起來，尤其前夫只要兒子，讓其他孩子心理上產生陰影，對此我感到很內疚，畢竟離婚牽涉的原因很多，無法在孩子面前說清楚道明白，讓不明就裡的孩子為了要跟父親或母親而爭吵，實在讓我感到很頭痛。

我和孩子溝通了很久，特別是兒子，我對他們說：不管監護權是誰的，你們都是我的孩子，而且都跟我住在一起，不可以再說「誰是誰的」孩子，況且你們也知道爸爸是什麼樣的情況，即使監護權是你爸爸的，他也沒有給過一毛錢學費，所以你們有什麼好講的。後來孩子們就不再提這些事情了，我與前夫也順利地協議離婚，協議中雖說前夫須支付贍養費，但我從來也沒拿過，就帶著孩子搬出去，在外面租房子住。

窮途末路，家扶伸出援手

為了能順利離婚，我幾乎是淨身出戶，而且還要扛起扶養五個孩子的重擔。當時我白天在一家飯店工作，晚上再做一份兼職，同時還兼做保險、美容及修改衣服，每天工作時間經常長達十九、二十個小時，幾乎睡不到四、五個小時，完全沒有自己的時間，這樣努力工作才勉強支撐房租和生活費。

但隨著孩子一天天長大，經濟壓力也越來越重，我想求助於社會局，申請一些補助，沒想到條條款款的限制讓我無法獲得幫助。我無法理解，兩人都已經離婚了，為何前婆家與娘家的財產都算在我的身上？甚至為此沒辦法獲得補助。但礙於法規，社會局的行政人員也沒辦法，於是他建議我可以尋求家扶的幫忙。當時我對家扶並不存有好感，連社會局這種公家機關都沒辦法，私人機構怎麼可能幫忙呢？可是，後來家扶所給的協助卻出乎我意外。

當時家扶透過家扶認養人計畫和獎助學金方案，讓我稍微減輕生活重擔，同時也鼓勵我參加一些脫貧培力課程，培養謀生技能。一開始我對於上課這件事不甚理解，心想自己的經濟壓力這麼大，工作賺錢的時間都不夠，哪有時間去上課。但後來實際上課之後，發現這些課程對我的幫助不亞於工作，所以開始熱衷這裡的課程，也學到很多東西，例如學習製作手工皂、烘焙、飲料調製、西餐烹調、電腦影片剪接和平面設計等。此外也考取了一些證照，如烘焙證照、美容證照、西餐證照。

在家扶除了得到資助外，還有更多的是鼓勵與關心，讓我覺得被重視了，也被關心了，是一股支撐的力量，就像家人一樣，我很喜歡去家扶正是這個原因，如同「回娘家」一般。另外，過去的我很自卑，不敢上台講話，現在的我已經能夠有自信地表達自己的想法了，這是我最大的改變。

從負分到接近滿分的人生

我曾覺得自己就像一個賺錢工具，每天就是工作賺錢，在最痛苦的時候，真的很想放棄一切一走了之，後來因為接觸到家扶，感受到一點溫暖，覺得自己不是一個人，才讓我有了動力可以繼續堅持下去。我很慶幸在這麼艱苦的生活中，孩子們都很乖巧，也不曾叛逆或有壞習慣，看到他們能過著平順的生活，是我最感到欣慰的事。而現在我與孩子們的關係，不像親子，反而比較像朋友，會互相分享心情、分享快樂。

我覺得自己的人生過得很不錯，若給自己打分數，以前是負分，但現在我覺得自己都快滿分了。不過我還是謙虛一點，大概八十五分左右吧，保留一點努力的空間。而這預留的空間，將放在持續充實自己以及回饋社會。

現在一有空就會回家扶分享自己的經驗，特別是鼓勵跟我境遇相似的人，我認為，想要脫離當下的困境，最重要的是找到幫助你的那股力量，像我很幸運地獲得家扶的幫忙。所以當你遇到困難時，不要自怨自艾或被負面情緒所困，勇敢地開口求助他人的幫助，相信社會上有許多願意伸出援手的人或單位。

我現在很幸福，有一種苦盡甘來的輕鬆感。我很感謝以前的辛苦，那是我的動力。我現在的夢想是開一間咖啡廳，賣一些自己手工做的東西。此外，現在也過得很充實，我喜歡在工作之餘來家扶幫

Story 7
學得一技之長擺脫債務，求助者一夕化身助人者

忙，除了分享個人經驗之外，同時也鼓勵跟自己一樣備受生命折磨的家庭，希望能為他們點一盞溫暖的燈。

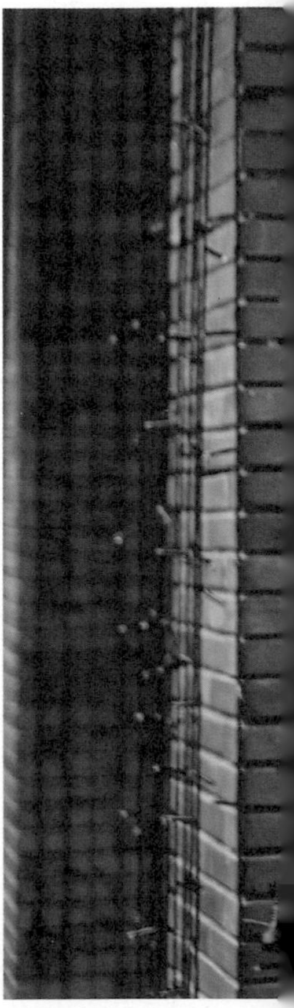

Story 8

用愛呵護罕病兒成長，把服務對象當作親人照料的居服員

「我們要歡喜接受人生每一階段的試煉，要好好的品嘗它。」嘗遍酸甜苦辣的人生，各種滋味都有它的意義。

居家照顧服務員　陳映彤

人生是一連串的選擇，你的選擇是好是壞，就看你如何去取捨。曾遭遇家庭暴力的威脅，也為照顧罕病兒而奔波，對此，我認為那是我的人生功課，每一個人都有自己的人生功課，端看你如何完成它。對於人生，我謹記著奶奶的交代：「人只要健康，有手有腳，什麼都要自己去爭取、去做，而且不能去偷去搶。」

為做好自己的人生功課，我努力克服重重難關，二〇一六年以居服員身分再次踏入職場，緩解家庭經濟壓力，這同時也是一份幫助他人的工作。遵循著把每個服務對象都當作自己親人照料的原則，有幸於二〇一九年榮獲「桃園市優良居家服務人員服務卓越獎」的表揚。目前女兒就讀社工系，作為回報他人的行動，大兒子則就讀軍校，期盼未來保家衛國。

終止暴力婚姻，找回人生主控權

國小三年級時我的父母離異，父親帶著我與弟妹、祖母離開故鄉，北上桃園定居，身為長女的我，內心強忍著害怕與分離感，被迫馬上學會獨立，一邊適應新的學習環境，一邊幫忙照顧弟妹、打理家務及料理三餐。

二十歲時回故鄉探望母親，認識了前夫，兩人交往不到半年就結了婚。我原本以為只是一個儀式，卻誤打誤撞地變成訂婚，當時心裡一陣錯愕，甚至萌生退婚念頭，但身旁沒有一個大人幫我做決定，媽媽書讀不多也沒辦法替我解決，只好硬著頭皮嫁了，沒想到竟是痛苦的開始。

婚後兩人觀念上的衝突便顯現出來，我比較忌諱的是觀念顛倒，我認為事情對就是對，錯就是錯，做錯事情要勇於認錯，然後去改善它；但我的前夫是選擇隱瞞、欺騙，然後為圓謊再說更大的一個謊。在許多類似的價值觀念上兩人發生衝突。前夫甚至不工作，多次進行言語上的霸凌，最終演變為暴力行為。在兩人為一些想法進行溝通的時候，他常常因為講不過我，就用暴力讓我閉嘴。之後甚至拿生命作威脅，才讓我堅決地要離婚。

為能順利離婚脫離前夫的魔掌，我開始自行蒐證以家暴處理，並帶著女兒去投靠弟弟。我不敢一次帶走兩個孩子，我也怕突然的離開會過度刺激到前夫，我的本意不是要去傷害人、傷害生命，我只要他放了自己而已，如果因為孩子的原因讓他跑去自殺，那也是我的罪過。

除了施以暴力，前夫也留下很多卡債。我當時沒想太多，一心只想離開那個環境，只要能到外面，我一點也不怕苦，其他的我都可以慢慢想辦法處理。但即使幫忙清償債務，前夫還是不願意離婚，再次恐嚇要帶兒子自殺，我只好訴求法律途徑來解決。

因為家暴處理時，家暴防治官將兩個孩子的監護權都判給了我，當前夫威脅要帶兒子自殺時，我就緊急通報當地的警察局，家暴防治官要我不用顧慮前夫，孩子的安全比較重要，所以後來我將兩個孩子都帶在身邊，而這場離婚訴訟打了二至三年，最終於二〇〇九年落下帷幕。

獨力扶養孩子不容易，雖然我有一份固定的工作，但薪水不高，要扶養兩個孩子加上前夫欠下的卡債，沉重的經濟壓力讓我喘不過氣，幸好家扶及時對我伸出援手，卡債部分則與銀行進行協商，達成分期還款，平時也盡量省吃儉用，就這樣度過那一段很困苦的時間。

用愛呵護，罕見兒成長

之前的婚姻讓我心有餘悸，因此雖有交往對象，我始終沒有再婚的念頭，但卻因沒有做好防範措施而再次懷孕，可是在與孩子的爸爸相處時，我發現他與前夫一樣有著觀念上的偏差，亦有暴力傾向，讓我再次感到害怕，於是在對方還不知我懷孕前就毅然分手。

本來想拿掉孩子，但或許是上帝的旨意，原本沒有心跳聲的胎兒出現一線生機，彷彿注定要來這世上走一遭，於是我選擇留下孩子，未料人生的另一個考驗就此揭幕。孩子一出生就被推入加護病房急救，當時我在加護病房看到全身插滿管子的孩子，就握著他的手，在孩子耳邊說：「弟弟，如果想要跟媽媽一起生活，那你要加油，我會陪你一起努力，如果你真的撐不過了，也沒有關係，好好的去做你的天使，我們的緣分也就到此，你不要有任何的遺憾。」我每天都會去

Story 8
用愛呵護罕病兒成長，把服務對象當作親人照料的居服員

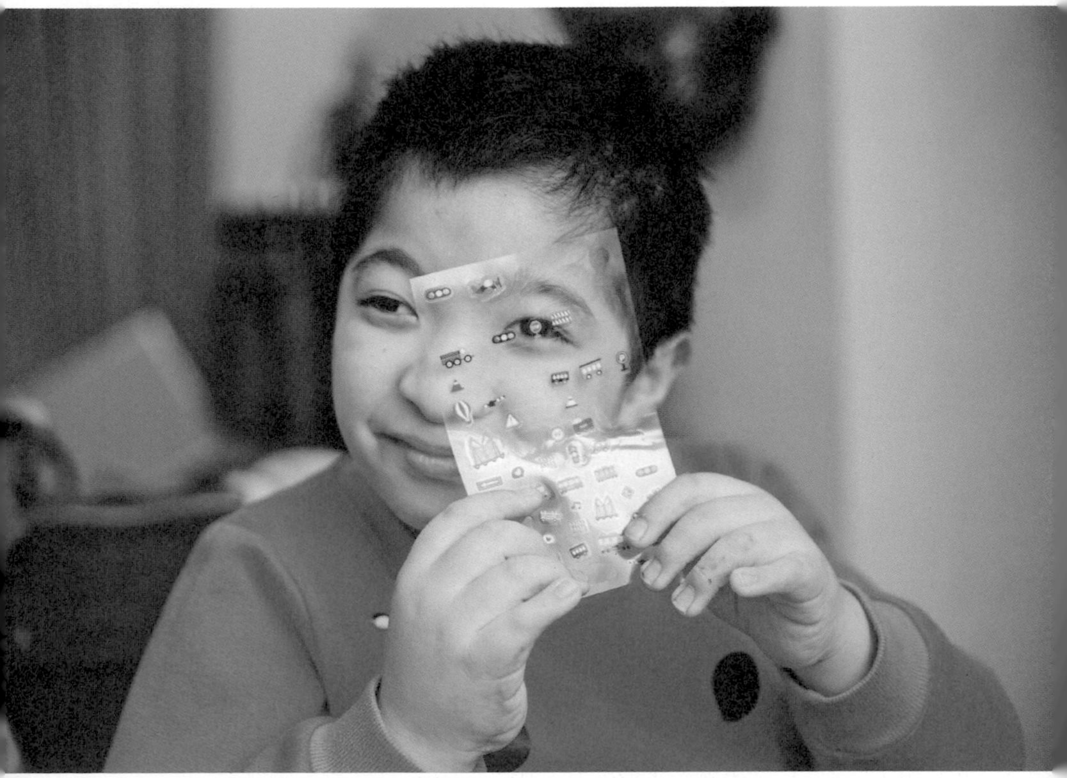

跟他說加油，終於奇蹟似的在一個月後離開加護病房。

雖然離開加護病房，但是孩子仍無法自行吸收營養，必須仰賴鼻胃管餵食，於是我辭去工作專心照顧孩子，照顧孩子的這七年全靠社會低收、家扶的補助生活。後期檢查和漫長復健治療，讓我在家中、醫院、診所之間疲於奔命。在這段期間，不斷有人建議將孩子放在安置機構，以便出去工作賺錢，脫離貧困的生活，但我仍堅持自己照顧，因為我看著他一直在進步，所以我更沒有放棄的權力，也沒有放棄的資格。孩子一歲多時，我帶他去做基因檢測，才知道原來他罹患罕見疾病（Rubinstein-Taybi 氏症候群），台灣、亞洲的案例很少，但在歐美卻有很多案例與文獻，每天一篇篇研究閱讀後，我也逐漸知道該怎麼照顧他。

我在醫院、診所之間奔波了七年，在幫孩子做復健時，常看見很多媽媽跟復健孩子的狀況，有的相處很好，有的卻很糟，每次看到那些母親心情很低落時，就會彼此互相鼓勵，也提醒自己要有耐心、要相信孩子。

在照顧孩子的期間，我也不斷思考，如果孩子上小學之後，自己要做什麼？因為長期在醫院裡面，知道照顧服務員這個工作，於是決定要去考這方面的證照，以後也可以從事這方面的工作，因為這個工作時間自由，可以兼顧孩子和賺錢，於是我在二〇一六年順利考上證照，我也從原本會計的工作，轉行成為居家照顧服務員。

面對試驗，成為手心向下的人

忙於奔波照顧小兒子之餘，我也不忘關心另外兩個孩子，鼓勵他們說出自己的需求，也督促他們做好自己應盡的責任，比如認真念書及分擔家務，並且讓他們參與跆拳道的活動，在強健體魄之外從中學習獨立的精神。他們有自己的人生，希望他們能以我為借鏡，在決定任何事情的時候，停下腳步，不要馬上衝動，思考一下。

對於未來的夢想，我希望能有一個真正屬於自己的家，可以自由規劃擺設空間，工作再怎麼累，家就是溫暖的避風港。目前正努力存錢實現中。此外，想要繼續學更多東西，想要再繼續服務更多人，所以下一步想考居家督導，這樣就能幫助更多的老人家。

在我心目中人生的滿分是八十分，並非一百分，因為世上很少有一百分的人，而我自己目前只有六十分及格而已，因為我還有很多東西要學習，想再多充實自己，再強大自己的力量。同時我很感謝一直從旁幫助自己的一些人、一些機構，之前我的手心是向上，獲得他人幫助，未來想做一個手心向下的人，有能力給予別人幫助。

我的人生故事有著酸甜苦辣，各種滋味都嘗過，自己也很願意去嘗試，並且一直不斷的在這裡面修正、修正再修正。因此，建議有著相似際遇的朋友，請你們要加油，這個世界我們只有來過一次，我們要歡喜接受人生每一階段的試驗，要好好的品嘗它，因為當你撐過去之後，再回頭看看，一切都沒什麼困難，多的是內部心靈的提升，以及更多的回憶。

如果你還陷在低潮無法自拔，請不要輕易放棄，社會上有很多的資源，只要你肯開口，大家都是很願意來互相幫忙的；請不要把任何事都想得很糟糕、很絕望，你覺得自己很痛苦、不斷讓負面情緒困住自己，為難自己也為難孩子；可是你沒有去想這社會上比你更痛苦的人還有很多，只是你看不到。我一直慶幸自己可以走出逆境，我覺得我們很幸運，我很願意開口求助，而且也能遇見願意幫助我的人，在我最困苦的時間能夠有人支撐我，那是我最大的力量。

Story 9

國中學歷奮力翻轉人生，重新撰寫人生劇本

「我們的身邊仍有許多的天使，帶來溫暖，也彌補了許多不足的愛。」積極爭取機會，讓不可能化為可能。

公立幼兒園約聘廚工　陳雅蕾

你曾漫無目的走在街道上不知未來在哪裡嗎？曾有一段時間，我為逃避家族長輩的言語欺凌，白天帶著不到一歲的兒子在街頭無助地的走著，直到晚上才敢回家面對冷酷的現實。

回想起過往，孩子是讓我重拾勇氣的重要關鍵。對於孩子，我一直感到很虧欠，但也很感謝他讓我鼓起勇氣面對困境，因為不想讓孩子跟自己一樣過著孤苦無依的生活，想讓孩子感受到更多的愛，所以才鼓起勇氣面對生活的艱辛，到現在我已能自食其力，並且與兩個孩子及我的母親一起過著安穩的生活。

未婚生子，備受家族嘲弄

兒子是分手後的禮物，我與當時的男友分手之後才發現懷孕，但兩人也已分手，不想用孩子牽絆彼此，所以決定生下孩子獨自扶養。

只不過，因為懷有身孕，工作很不穩定，讓我開始擔心自己無法一個人照顧好孩子同時顧及生活，於是等到孩子九個多月大的時候，我選擇帶著兒子回到自己老家生活。

相較於城市，老家屬於比較鄉下的地區，當地的人思想觀念仍比較傳統，因此當自己未婚卻抱著孩子回來時，周圍異樣的眼光讓我感到很不舒服。由於父母早在我國中時離異，我唯一能投靠的只有父親，但同住的家族長輩對我們母子很不友善，經常趁父親外出工作的時候欺負我們，特別是語言暴力讓我特別難受，那段時間是兒子陪著我、讓我堅持下去，才能度過人生最低潮的日子。

回到故鄉後工作找得很不順利，只好向父親伸手拿錢，也因此家族長輩非常瞧不起我，甚至質疑我回來故鄉的用意，有時候天黑較早，我開燈也會被嫌棄浪費電，諸多針對我而來的嫌棄我都能忍受，

壽元中藥房

唯獨孩子因調皮就被罵「雜種」這件事，讓我十分介意，因此白天的時候，我常常帶著孩子出去外面流浪，直到晚上才回來睡覺，就是想逃避家裡的一些狀況，也不想聽到街坊長輩說三道四。

尋求補助，生活重新開啟

那時候的自己對未來並不抱任何希望，夜裡看著熟睡的孩子時，總會忍不住掉下淚來。因為當時還是新手媽媽，每當孩子半夜哭鬧，我不知道該如何讓孩子停止哭泣，所以經常會跟著孩子一起哭。直到一天，照常帶著孩子在路上閒晃時遇見傳福音的學生，跟著他們去了教會，那時候聽到一首詩歌〈全新的你〉，歌中提到「陰天代表你的心情，雨天更是你對生命的反應」，讓我開始相信上帝可以改變一切，開始透過禱告希望能跳脫憂鬱的心情，而這奇妙的偶遇讓我的心靈有了寄託。

不久另一個機緣也跟著出現，那時我因蜂窩性組織炎必須開刀，於是找了保母來幫忙照顧孩子，而這位保母曾接觸過家扶的寄養家庭，於是建議我到家扶尋求幫助。當時家扶提供一些物資以及協助處理健保費的欠費，幫忙我申請生活補助，讓窮困的生活暫時得以緩解。

我也將自己住在家裡的困擾告訴社工，於是他們安排我住進婦女中途之家，那邊主要收容一些因遭遇離婚、喪偶及其他家庭變故等因素的女性單親媽媽，我們住進去時兒子快兩歲，我也協助同住的媽媽們帶孩子，直到兒子滿兩歲之後，才出去找工作。

當時找到的工作是在公立幼兒園當代賑工，也就是政府為弱勢家庭所提供的一個臨時工作，因為我符合資格，所以家扶協助我去登記申請。這份工作主要是早上做四個小時的清潔工作。除了代賑工，下午也去幫一家公司打掃清潔，晚上則帶孩子去做一些清潔方面的兼差，為了想要給孩子過更好的生活，一整天排滿滿的工作讓我筋疲力盡。

學習技能，取得中餐證照

由於兒子從小身體不好，有一次因腸病毒讓我請了十幾天假在家照顧他。因為我的工作都是兼職性質，沒有上班就沒有收入，也不能讓生病的孩子自己待在家裡，所以常常為此感到擔憂害怕，很怕回到從前那種沒有工作、沒有收入的狀況。

就在兒子四歲時，我們從婦女中途之家搬出來，同時經由家扶社工的建議參加了家扶課程。其中有一個課程是夢想規劃，記得自己寫下「我想要有一個家」的願望，因為從婦女中途之家搬出後，為了省錢，我們不斷地搬家，所以想學習一些技術，讓未來生活能更加穩定。

剛好托兒所有一個約聘廚工的職缺，只要取得中餐證照就能獲得那份工作，我擔心自己沒有做菜的經驗，一直以來只會煮泡麵、煮水餃，想要考證照很難，但為了想給自己和孩子一個家，於是透過家扶申請補助，到補習班努力學習做菜，為專心上課也放棄了晚上的兼職工作。

畢竟是初學者，一開始其實很挫折，每次全班同學都下課走了，就只剩下我一個人還在努力跟上進度，每次老師看到我切錯就會直接拍肩膀提醒，或者要我動作再快一點，我總是苦惱為何自己做出來的東西跟老師不太一樣，也很怕會失敗。但即使遭遇這些挫敗，也從沒有想過放棄，因為現狀不允許我放棄，我知道那種餓肚子的感覺。想起曾經有一次身上只剩四百元，還必須選擇要買奶粉或是買尿布，當時我買了一小罐且最便宜的奶粉餵飽了孩子，可是卻顧不上他的身體，結果害他得了嚴重的尿布疹，這樣的苦日子讓我永遠不敢忘記。

所以無論壓力再大、再累，也要扛下去。因為自己學習的進度緩慢，需要更多的練習，因此很感謝幼兒園的同事，願意挪出時間讓我練習，甚至給予我機會與鼓勵，最終考上中餐證照，也取得約聘廚工的工作。

充實自己，化不可能為可能

除了取得中餐證照，我也參加了家扶的培育課程，其中的理財課程讓我收穫良多。有次課程中要求創作一個商品，我因為在家中會帶孩子做一些甜點，於是就創作了一道手工甜品——芒果奶酪，當時正值暑假，剛好是芒果的季節，所以我嘗試推出這款甜點，銷售給周遭朋友，沒想到收到大家不錯的評價，也獲得一些額外的收入。所以後來我也在工作之餘，擔任廚藝教學講師，透過教學重拾自己的信心及找到自我存在的價值。

曾有兩段不完美的感情，卻也因此有了兩個可愛的孩子，現在的我並不渴望找到一份新感情，也對現階段的生活感到很滿足。其實我與媽媽之前一直討論要住在一起，因為她的身體不好，過去由於工作相隔兩地，沒辦法互相照顧，現在我有能力照顧她了，所以就把媽媽接來一起同住。

如果要用一句話來形容自己的故事，應該是一段「將不可能轉為有可能」的人生故事。對於相同境遇的朋友，我會建議「先求有，再求好」，單親這條路是很艱辛的，不要奢望別人會給你什麼，也不要

Story 9
國中學歷奮力翻轉人生，重新撰寫人生劇本

讓別人的酸言酸語影響、為難自己，機會必須靠自己先爭取才能擁有，所以一切要從自己開始，積極去學習。

對於未來，我會繼續多充實自己，並好好的將兩個孩子帶大，我現在很幸福，有更多時間可以陪伴孩子成長，也有能力供他們溫飽，希望可以給他們更完整的愛，健康無虞的長大。

Part 2

背負命運而行的逐夢人

單親不是束縛，而是展翅的起點，
追夢吧！無論從哪裡出發！

Story 10

低收孩子靠服裝設計，搖身變為台灣之光

「人生就是一場不停跟自己賽跑的道路，重點是你要知道，自己想要跑到什麼樣的終點。」腳踏實地築夢，就能一步一腳印達成目標。

服裝設計師　古又文

在一般社會大眾的眼中，單親又低收的孩子不會變壞就很好了，根本不期待能有出人頭地的一天，然而，我打破了這個刻板印象，在二〇〇九年底，擊敗了來自世界各地逾千名的競爭者，贏得美國最大藝術設計機構 Gen Art 的「前衛時裝獎」。此獎讓我在服裝設計界上嶄露頭角，吸引來自各界的目光，從默默無名搖身一變成為「台灣之光」，在這榮耀的背後，除了自身永不放棄的韌性外，還有深受母親無形的身教影響。

不服輸的硬頸媽媽，扛起養家重擔

在引領時尚潮流的背後，我有著相當戲劇化的人生，三歲時父親死於意外，由於父親生前起了一個會，他過世後，跟會的親戚朋友擔心錢拿不回來，跑到家裡要求母親「給個交代」。當時我的年紀還小，不知道發生什麼事，只覺得驚怕不已，較為年長的兄姊也幫不上忙，只敢在紙條上寫「不要欺負我媽媽」，偷偷塞進來訪者放在門口的鞋子裡。

母親在父親過世前一直是家管，沒有工作經驗，因此周遭的人都希望她改嫁，這樣比較輕鬆，也能養活三個小孩，但有著客家人「硬頸」精神的她，不願對命運低頭，選擇獨自扛下所有責任。母親雖然只有小學畢業，但寫了一手好字，於是她為了維持生計，親自寫信給當地政府官員，信上說明家庭近況，希望政府能夠幫忙，果真順利爭取到清潔隊臨時工的工作。

單靠清潔隊的薪水仍不足以養活一家四口，於是清潔隊收隊之後母親也沒閒著，下午繼續到不同的人家裡做幫傭或做清潔工作，日夜不停歇的粗重工作她毫無怨言，獨力將三個孩子拉拔長大。還好自己從念小學開始接受家扶的認養人資助，才多少分擔母親一些壓力。

儘管家境不寬裕，我從來沒有覺得生活貧困，因為雖然從小成長在單親的環境中，但是母親一直盡力提供我們所需的溫飽與愛。直到高職一年級時，有一位女同學的話讓我印象非常深刻，她說：「單親家庭的你沒有變壞，就不錯了！」當時我愣住了，搞不懂女同學的邏輯從哪裡來的，我母親給了我們完整的愛跟關懷，讓我們衣食無缺，也教我們要做一個堂堂正正的人，不偷不搶，壞與單親有什麼關係？這也是我第一次感受到大家對於單親家庭孩子的惡意。

解決問題，不要讓問題解決你

從小我的功課就不錯，想要考上理想高中並非難事，只不過國三那年，迷上了台灣漫畫家任正華的作品，想要去念松山高商當任正華的學弟。對於想念高職一事，我曾詢問母親的想法，一向採取開放式教育的母親並沒有反對，只給了我一些做人的底線，例如不要害人、不要變壞；其次，她希望我們要有一技之長，學什麼都可以。於是我便依據自己的興趣報考高職，最後如願考上了松山家商廣告設計科，開啟了設計與創作之路。

高職畢業後，報考四技二專的聯招，考上空間設計系，讀了三個月後覺得不符合自己的興趣，決定休學重考，我不想勉強自己學不喜歡的東西。第二次考試，考上樹德科技大學流行設計系，在樹德畢業後想去設計大師的發源地英國中央聖馬汀學院進修，但受限於家裡的經濟狀況，只得暫時打消出國留學的念頭，進入輔仁大學織品服裝研究所。

就讀研究所期間，我參加許多的比賽，其中有四個比賽拿到獎，希望在實際工作前，能透過比賽證明自己的專業，也獲得一些經驗。畢竟從事服裝設計這一行，轉行的比例很高，因為一路上的挫折太

遊走江湖
2021.10.16
占い魔女ネコ
信箱
METAL KOMBAT
STRAY
浪伊斯坦堡
13-22
星系

多，能堅持夢想的人不多。人生有一些逆境或短處，但也有一些長處，看你怎麼使用自己的長處，或使用自己現有的工具達到最好的效果。母親就是用漂亮的字取得臨時工的機會，而我也學習她善用自己的設計才華，透過優秀的作品讓自己被看見。

母親是影響我最大、也是我最尊崇的人，從小到大看到母親遇到困難時就想辦法度過，例如父親去世時，周圍的人都希望她改嫁，但母親擔心改嫁的對象無法將孩子視為己出，所以無論生活壓力再大，也從沒有再婚的考慮。於是深受母親的影響，就算是碰到一些挫折，也覺得還好，只要把心放寬，兵來將擋，謹記「遇到問題就解決問題，不要讓問題解決你」。同時也養成遇到逆境或目標無法快速達成時，就會想很多方法解決它的習慣。

理性分析，展現你的強項

為了一圓前往英國念書的夢，我會在課餘時間接一些商業設計案賺取學費。二〇〇八年，我存好一筆錢，也申請好學校即將前往就讀時，卻發生金融海嘯，過去存的錢瞬間被腰斬。不得已之下只好先延緩一年入學，利用這一年想辦法再籌備資金。

「當一條路關了，如果你很積極的找，也許會找到一條雖然會繞一點彎，但是你會在這途中獲得更多的道路，只是你必須主動尋找，因為它不會從天上自動掉下來。」當留學計畫延誤時，很多人可能會選擇放棄，但我選擇積極地去解決問題，其中參加 Gen Art 就是其一，此舉也讓自己意外的名利雙收。

人生的道路如此漫長，難免遭遇挫折與難關，面對難關時，我選擇先認清自己的極限，例如自己到底有多少資本？有多少能力跟時間？有什麼資源？知識程度到哪裡？距離目標欠缺什麼等等，當你理性去思考這些東西時，才能想到下一條路該怎麼走，然後想辦法破解它。

就以二〇〇八年的事件來說，我必須非常快速在一年內把錢賺到，於是經由理性評估之後，我設定了三個方向去進行，首先擴大接案範圍，增加接案量；其次，參加比賽，爭取獎金；最後則是從未想過申請的獎學金，當時申請的學校並不會給予獎學金，所以我另闢管道，利用 Google 搜尋到英國文化在台協會提供的留學生獎學金，我是獎學金在台灣創立以來，首位藝術設計相關科系的獲獎者。三管齊下之後，果真在一年內籌得留學的費用，二〇〇九年順利入學。

永遠做一個跟自己賽跑的人

如何形容自己的人生故事，我回想起國中畢業紀念冊上，一位實習老師在我的本子上的留言：「永遠做一個跟自己賽跑的人」，這句話對我很受用，因為每個人的情況不一樣，如果你一直和別人比，永遠比不完。如果你和自己比，向前走就會超越昨天的自己，這樣就夠了。

此外，「築夢踏實」這句話雖然有點老套，但卻滿適合想改變現狀的朋友，因為只有踏實的、理性的去思考自己與目標的差距，才能積極面對自己的真實情況，再進一步地去分析達成目標的方法，如此一來，才有辦法去規劃或去思考你的下一個動作，或者你還可以再做些什麼事情，然後一步一步地抵達目標。

由於家庭教育的自由開放，很多事情都要靠我自己思考以及做決定，所以我非常習慣在做決策之前反覆地思辯，而一旦下了決定，通常就代表我思考了非常多的面向，最終得到這個答案，也因此非常不容易改變，我會很努力的去執行它。最後，人生就是一場不停跟自己賽跑的道路，重點是你要知道，自己想要跑到什麼樣的終點。

Story 11

化不吉祥為力量，淬鍊成淨水器業界精英

「回顧這一路艱辛，
我認為是上天希望我能成為一個解題高手，
化解一道道人生的困難題。」

三能國際創辦人　徐嵩明

UDF
三能國際
紙箱回收

很多人都認為「貧窮天注定」，但我認為「貧窮是有原因的，沒有人會永遠貧窮。」如果你相信貧窮天注定，那你就真的會窮一輩子；如果你不信，你就會找出原因，然後有勇氣地改變你的生活。

從小我就被視為「不吉祥的孩子」，七歲喪父、九二一大地震摧毀了我的家，更遇上母親肝病逝世，彷彿被不幸糾纏著。但我從不甘心向命運低頭，我堅信「努力，不會背叛自己」，這個不祥的烙印，我一定要反抗、一定要消除！從一個庄腳囝仔成為外銷淨水器四十國的業界精英。我感念當年家扶認養人給予的恩情，現在我長年投身公益活動，除贈送大型濾水器給史瓦帝尼孤兒院，同時也積極參與家扶及獅子會等團體回饋社會。

Story 11

化不吉祥為力量，淬鍊成淨水器業界精英

背負不幸，被家族所看不起

為何會被視為「不吉祥」呢？這要從我七歲那年說起。從小生長在一個農村的家庭，父執輩、祖執輩的子女眾多，是一個大家族，父親在車床工廠工作，母親是家庭主婦，在家照顧孩子兼做一些代工，我還有一個妹妹，一家四口，日子過得平淡卻幸福。

然而厄運從天而降，這一天，晚上十點多父親還沒回來，不久後村民跑來家裡說父親出車禍在醫院搶救，非常不幸的，隔天他就走了。雖然父親是車禍過世的，但祖父母卻對我與母親非常不諒解。當時年幼的我並不了解原因，直到長大後才從母親口中得知，原來家族的人認為母親剋夫，而我又是一個難養的孩子，因為我的長短腳，被當時的人視為殘障，加上當晚父親趕回來，就是要帶我去看醫生才發生不幸，也因此被冠上「不吉祥」的字眼。

面對周遭人的惡意對待，母親沒有選擇離開，而是留下照顧我與妹妹，甚至代替丈夫孝順其父母。但養家的沉重負荷，常讓母親備感壓力，小時候我常常聽到母親半夜哭泣的聲音，被吵醒之後，我最常問她會不會離開？母親總是肯定地說不會，並對天發誓：「我一定會陪伴、照顧你們長大成人，不要害怕！」回想起那一晚跟母親的對話，至今仍深深烙印在腦海中無法忘懷。

在那段貧苦的期間，也遇到很多願意幫助我們家的人，比如家扶及獅子會都曾長期資助我們。當時有一位認養人對我非常好，還幫我過生日，這也是我第一次過生日吃蛋糕。那位認養人對我說，人生要快樂、要相信自己，也鼓勵我許一個正向的生日願望。所以那天，我許下了「媽媽能開開心心健健康康，自己能夠功成名就，讓大家看得起」的生日願望。

模範母親匾額，轉變的的契機

念國中時，母親獲選當年的自強模範母親，我們家從來沒有人得過匾額，母親藉此勸誡我不可以做壞事，不要再打架鬧事了。領獎那天，頒獎人是當時的台中縣長，他鼓勵我要好好上進，不要為社會、政府添亂。回家後我們把匾額掛起來，讓親戚看到，雖然孤兒寡母，但我們過得很踏實，這塊匾額真的深刻地鼓勵了我們，也是我第一個轉變的契機。我開始認真讀書，也脫離一些壞朋友。

二專畢業後我放棄升學決定直接去當兵，這件事讓母親很生氣，甚至打了我一巴掌。她希望我能繼續念書，但她也知道我擔心家裡沒錢，要跟親友借貸才能讀書，最後還是讓我休學去當兵。當兵期間，一個噩耗傳來，母親被診斷出肝病，她的第一次病發正巧我休假回家，我一踏進家門就發現地上一灘血，家裡沒人，問了鄰居才知道母親被救護車載走了。我急忙跑去醫院，醫生要我做好心理準備，母親可能這幾天就走了。

我心急如焚地跟部隊請假，但因正在演習當中而遭到拒絕。這是我第一次深切體會到「忠孝不能兩全」這句話的意思。於是來到媽祖廟祈求媽祖：「我願意把性命給母親，希望她能夠平安」。沒想到母親竟然奇蹟般地甦醒！

一九九九年台灣發生九二一大地震，將家裡的房子震倒了三分之二，憶起當時，我與家人從廢墟裡爬出來，睡了六十多天的帳篷，全家窩在一起互相取暖的情景歷歷在目。但就在房子重建好準備入厝時，噩耗再次來臨，母親因肝病離開了，也瞬間擊垮了我——「為何我這麼倒楣？」失去父親，房子被震倒，連最愛的母親也要被病魔奪走。

母親離開的那天，我獨自到頂樓哭了很久，我上輩子幹了什麼壞事，為什麼有這麼悲慘的命運？哭到最後，我向上天祈求說：「上天你還記得我嗎？我沒有爸爸也沒有媽媽了，我可以把你當成父親嗎？我可以成為上天的兒子嗎？如果可以的話，以後請幫助我，讓我在未來越來越好。我也答應你，在我越來越好的時候，我一定會做更多的公益，讓貧窮的人能夠更好。」結果發了這個誓願之後，果然開始遇到

很多很好的事情，其中包括遇到我現在的妻子。

困難的解題高手，萬能的好爸爸

小時候我曾想當醫生，但經歷過這麼多事，加上娶妻生子，現在只想當一個萬能的好爸爸，因為我不希望孩子跟我小時候一樣陷入貧苦的境地，想起曾看過的一句話：「願我經歷的苦難你不必經歷，願我擁有的幸福你唾手可得」，這是我的使命，也是我希望對孩子所說的話。

回顧這一路艱辛，我認為是上天理解我的努力，所以給予很多困難、很多難題，希望我能成為一個解題高手，化解一道道人生的困難習題。當然，一路上我有很多貴人相助，讓我能衝破這一切上天給的考驗。

從小到大，我的觀念都滿正向的，凡事我一定會訂定計畫，這些觀念來自母親的身教言傳，就像母親幫我存錢一樣，每次存一點點，累積久了就成大數字，我相信「只要每天進步一點點，未來一定會更進步。」面對逆境也一樣，只要一步一步地繼續往前進，總會突破難關，走上成功大道。

除了每天進步一點點外，也要有不放棄的精神。因為小時候有長短腳，但又很喜歡跑步，每次跑步的時候只要堅持最後一口氣，總能獲得名次，尤其是跑百米的時候，只要憋一口氣再往前衝一點點，一定能得名！每當我想放棄的時候，就想起跑百米的過程，只要憋一口氣、再衝一下就過了。很感謝上天每次都讓我衝過，我相信只要不放棄，未來一定會愈來愈好！

我不希望台灣社會再有像自己小時候那般貧窮的人，如果真的不幸有人跟我的境遇一樣，我會告訴他：「貧窮就像感冒一樣，沒有人願意感冒，一旦感冒，就要找出感冒的原因，然後更正它。有一天當時間到了，自身的抵抗力強了，自然就會慢慢的好轉（富有）了，也不會再感冒（貧窮）了。」

就像我常看到很多人的家庭，因為某個家人賭博、吸毒或為人作保等導致家裡變貧窮，但請記住，那是你的家，你要從現在做起，不要作保、不要賭博、不要吸毒，不要去做讓你變窮的事情。如此一來，時間到了，你會長大，你的生活自然就會慢慢變好，不用擔心。

我很感謝我的母親，從小帶給我一個很正向的身教；我也要感謝我的老婆，她永遠都很正面，在我什麼都沒有的時候願意幫助我，我曾經問她為何要嫁給我，她開玩笑說自己是「上天派來的天使，來拯救你這個可憐的人。」最後分享我的座右銘：「只要做好事，你的福氣就會來」，希望福氣就在你左右！

Story 12

母親的暖心陪伴，畫進插畫界的奧斯卡

「允許自己可以有失敗的空間，即使失敗也要不斷嘗試。」

在每個當下拚盡全力，為自己而活。

旅英插畫家　黃雅玲

A WELL DESIGNED BOOK – let's start with children
2nd PRIZE
Ya-Ling Huang
Catch you later Alligator!
HAPPY BIRTHDAY ALLIGATOR!

如果用一句話來形容我的人生故事，會是什麼？「就像爬山，先爬到一個點，然後就發現還有更高的山要爬，我就是這樣一步一步慢慢地做好每個設定好的小目標。」對於夢想，我認為，當你的時間花在哪裡，你的成就就會在哪裡，所以我願意投入所有時間在自己想做的事情上，期許自己每一個創作都是很滿意、很喜歡的作品，我也不斷地朝此目標持續前進。

幼年喪父，母親以家庭代工及臨時工收入勉強維持生計，辛苦地撫養我與大兩歲的姊姊長大成人，成年之後，我

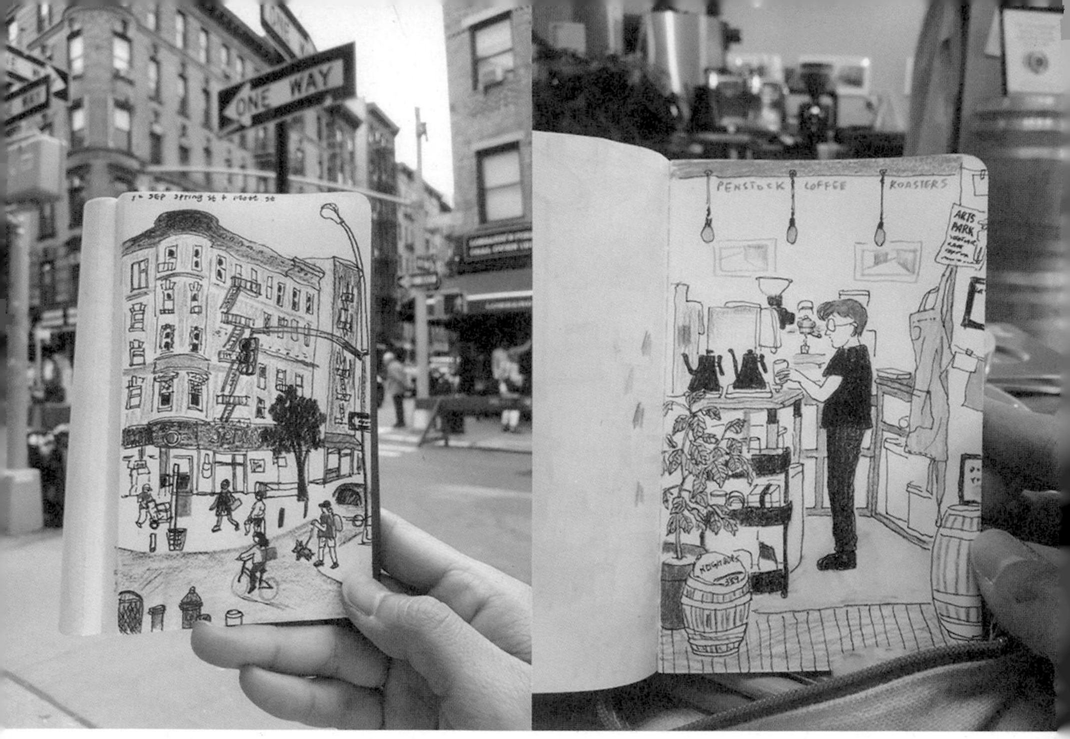

在家扶菁英培植計畫和社會大眾的愛心資助下，得到遠赴英國取得劍橋藝術學院童書繪本插畫學系碩士學位的機會，當時也舉辦了畫肖像自由認捐活動，我畫了近兩百幅肖像畫，籌措留學英國的學費，並於二〇一六年，在三千多件作品中脫穎而出，入選當年的波隆納國際兒童書展插畫獎，跨入國際插畫家的行列。

樂天知足，雖貧苦但心富足

念幼稚園時，我的父親因車禍驟逝，家裡頓失經濟支柱，全靠母親一人扛下

DGE
SCHOOL
OF
A
R
T
Cambridge

重擔。為了維持生計並照顧我與姊姊，母親利用家中僅有的一台縫紉平車，在家接一些成衣加工維生，只是這些微薄的收入，仍不足以支付家中每天的生活開銷，有時仍需向親戚朋友伸手借錢，或者再多接一些工作以增加收入。小時候母親經常工作到三更半夜，一大早又要叫我們起床上課，我常想母親究竟什麼時候才有空休息。

生活已經如此清苦，原本申請的低收入戶補助，卻因父親遺留下來的房子而被取消，在生活再度陷入困境之際，所幸我與姊姊獲得家扶的長期扶助，讓我們兩人可以從國小至研究所順利畢業，在生活與教育上都免於匱乏。

對於貧困的家境，起初我並沒有太大的感受。自有記憶以來，家裡的經濟狀況就已經是如此樣貌，我並不覺得自己家特別貧窮。也有可能是母親一直盡力滿足我們在生活上的需求，所以並不覺得自己有欠缺什麼，跟其他家庭並無特別不同。母親瀟灑樂天的個性深深影響我們，母親總說「事情發生了也沒辦法，生活一樣要過。」所以我們與母親一樣，對生活總是抱持著樂觀與知足的態度。

直到從台中教育大學美術系畢業後，我想出國念書，決定休學去澳洲遊學打工兩年，除了體驗生活、豐富人生閱歷外，也想賺足赴英國念書的學費，可惜最終仍不足，返台後幸有家扶幫忙募款，讓我有機會去實現夢想。

逆風築夢，接受不完美

從小我就喜歡畫畫，一直想以插畫作為職業。我的成績不是特別好，對其他的事物也不在行，只有畫畫能給我成就感，我熱愛畫畫；如果不畫畫，我不知道自己還可以做什麼。

在實現夢想的道路上，最常遭遇的困境就是經濟上的焦慮，以及創作撞牆期。因為原生家庭的經濟狀況不好，從一路求學乃至步入職場，經濟上的匱乏經常困擾著我。尤其畢業後成立工作室開始接案時，心情常因接案的數量多寡而有所波動，每當遇上沒有案子的期間，就會擔心沒有收入而感到焦慮不安。不過，經過五、六年的工作歷練，接案的空窗期已經減少，經濟上也走向穩定。

另外「創作撞牆期」則是所有創作者必須不斷克服的關卡。插畫

這個領域就是一山比一山高，每一個階段都會遇到要去克服的困難，例如技術上、感受上。因此，我有時候會創作到開始懷疑自己，產生了比較心態，比較之後就變得更沒自信。久而久之，我開始明白，只是無謂的比較不會讓自己更進步，也許創作的最大阻礙就是自己！

為了突破創作撞牆期，我選擇轉移焦點後再面對問題。遇上了撞牆期，好像也不能做什麼去改變它，只能讓時間慢慢的淡化，或出去走走，或去做其他事情，如看書或看展，轉換一下心情後，再回來看看能否繼續或有更好的想法，這樣周而復始，直到突破困境，重新開始創作。

自畢業後成立工作室至今，每當與客戶在接案作品上出現分歧時，我會開始質疑自己的作品是否不夠好，甚至被迫要做出一些妥協，因此心裡感到很疲乏。對此，一開始我無法釋懷，但後來經過多次的沉澱後逐漸地看開了，不再糾結下去，畢竟「不可能每一件作品都是完美的，一定要能接受自己不完美的部分，才有辦法繼續下去。」人生也是這樣，何苦再為難自己？

相濡以沫，成為彼此的依靠

由於小時候個性比較孤僻內向，母親又忙於工作養家，與我相處最久的就是姊姊，也是最支持我、跟我最親近、影響我最多的人，到現在都是。我們從小就睡在同一張床上，經常一起趴在床上寫功課，感情非常好。姊姊更是帶我走入插畫這個領域的人。小時候自己就像跟屁蟲，姊姊做什麼都要跟，所以當姊姊學畫畫的時候，自己也要跟著學，沒想到就這樣愛上了畫畫。

姊姊的個性很成熟，總是幫著媽媽擔下很多責任，小時候我曾寫過一篇名為〈我最景仰的人〉的作文，文中最景仰的人就是姊姊，她是我的偶像；意志力很強，做事方法很厲害，我感謝有她，是我人生最重要的陪伴。

去年母親也過世了，剩下我與姊姊兩個人各分東西，姊姊已婚與家人定居在美國，而我也結婚與先生定居在英國，雖然姊姊遠在美國，但她等於是我的娘家，如果我想暫時逃離現實，我一定會飛去找姊姊，因為我們永遠是彼此的依靠。

允許失敗，為成功打氣

對於相同單親的境遇或懷有夢想的朋友，我想對你說：「允許自己可以有失敗的空間，同時不要停止嘗試，即使失敗也要不斷嘗試。」我相信有很多人嘗試去做了，結果卻還是失敗了，有時就是如此無奈，同樣的方式，有人成功，有人卻不行。但不管如何至少你試了，知道那一條路行不通，然後再去嘗試別的，我覺得這都是很值得的人生經驗。

如何在失敗中重新站起來？我認為「能勇敢承認失敗，並深刻了解失敗原因後，從中獲取經驗與教訓，然後放下得失心重新來過，這樣才能讓下一次挑戰更成功、更完美。」我參加過無數的比賽，以前

BOLOGNA
CHILDREN'S
BOOK FAIR
BOLOGNA
ILLUSTRATORS
EXHIBITION
The Bologna Children's Book Fair
and BolognaFiere hereby grant
an Award for Excellence to
Ya Ling Huang
for having been selected as a Participant in the 2016
Bologna Illustrators Exhibition

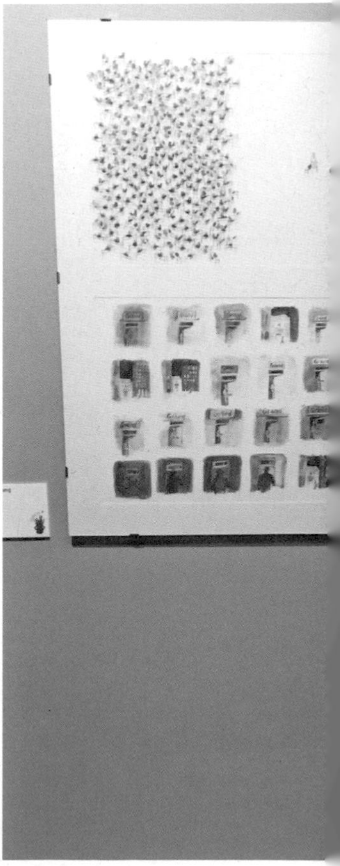

我的得失心很重，總是跟自己過不去，但現在比較不會了，三十歲之後，我開始培養自信，不再被是否得獎所動搖。因為評審只有少數幾個，容易被個人偏好所操控，如此一來，沒得獎不代表作品不好，只是剛好沒有對評審的口味而已。

如果一百分為滿分，我給自己打九十九分，因為凡事我都盡力做，我沒有不努力，甚至拚盡全力去做好每一件事，然後活好每個當下，所以不足的那一分我留給自己，期許自己還有更進步的空間。

Story 13

從擠四坪房、穿「補丁衫」到走進台積電

「凡事不要先看到困難，要先看到機會。」
憑藉一身骨氣衝破逆境，自己要先看得起自己！

前台積電技術系統整合處副處長　簡明正

生命中總是有些事情不盡如人意，有人選擇面對，有人選擇逃避，幼年貧困靠苦讀翻身，面對人生的挫折，我認為「只有去衝破它，才能過關，與其在那邊憂愁，還不如去衝看看，有衝就有機會，沒衝就沒機會，這是我一貫的做法，也許不會每次都成功，但是至少嘗試過，就不會後悔。」

憑藉著衝破逆境的骨氣，我順利考上了台中一中、大同工學院，服完兵役後進入大同公司工作，之後申請到大同工學院的獎助學金，前往美國紐約州立大學就讀，在一年半內取得財務管理和 MIS 的學位。返台後不久進入 IBM 工作十六年，再加入台積電公司，我不再是社會大眾眼中的窮孩子，我努力地逆轉我的人生，成為大企業的主管，改寫了自己的人生軌跡。

鐵皮屋當試煉，刻苦向學求翻身

幼年時期貧窮的歷練，深深影響我的一生，幼年喪父，母親為扛起家計外出打零工，我和哥哥、阿嬤住在租來的鐵皮屋，三人擠在三坪不到的木板床睡覺；破舊的家連自來水管也裝不起，要用水時還需一桶一桶向鄰居家買；屋內也沒有廁所，想上廁所只能跟鄰居借，或者到附近的國小使用。

當時的我每天都打赤腳上課，直到小學五年級因參加躲避球比賽，才買了人生第一雙鞋。身上穿的衣服幾乎都有縫補的痕跡，只有過新年的時候才有機會買新衣，而且只能買大一號的衣服才能穿得久，內褲是印有中美合作字樣的麵粉袋做的。為了分擔家計，我和哥哥從小就一起幫忙做手工，也送報紙、打一些零工。國小畢業時，為了二百元獎金而放棄學業排名，貧窮的生活深深烙印在我心中。

因為家貧又單親，經常遭受冷眼對待。有一次受邀到家裡開百貨公司的同學家中玩，結果聽見同學母親說：「龍交龍、鳳交鳳，你怎麼交這種同學！」讓我備感心酸。當時我告訴自己，雖然家境不如人，但一定要努力念書取得好成績，不要讓別人看不起。為節省電費，我直接到土地公廟裡把供桌當書桌自習，廟裡大拜拜時，就到火車站外的噴水池水銀燈下念書。

雖然社會上存在著許多勢利眼，但也有不少的溫暖，當時家扶

的補助讓家境有所改善，我也參加了家扶青年分享營，讓我受到很多人生啟發，而且關心也從未間斷，讓我備感溫暖，因此當我有能力時我更積極回饋社會，除擔任家扶志工外，成為家扶認養人至今已近三十個年頭。

天時地利人和，成功就不遠

畢業後我的第一份工作是在大同公司上班，工作一陣子後轉至大同工學院，這兩份工作讓我有一份穩定的收入，也能過上還算不錯的生活，但我想要有更好的發展，於是申請到大同工學院的獎助金，得以出國攻讀碩士學位。

出國留學是我人生轉變的一個契機，如果沒有出國念書，就不可能到外商 IBM 去上班，IBM 對我的改變真的很大，讓我打開了視野，學習到各種技術或管理上的技巧，也因此才有機會進入台積電工作。

這一路走來，遭遇過無數的挫折與遺憾，遇上挫折時，就是面對它、處理它。不過，我們必須承認要成就一件事，就是要「天時地利人和缺一不可」，光是努力不夠，也不一定會實現，畢竟努力的人太多了，有時候需要的就是一個機會，抓住機會你就上去了。就像我小時候，除了自身努力念書外，也需要貴人相助，才能抓住機會一步一步向前進。

想要逆襲人生，除了必須真的要很努力外，也要具備不放棄、往上衝的精神。首先，有了自己的努力，才能談天時地利人和，如果自身不努力，空等天上掉下來的機會，是不可能成功的。機會絕對不會無緣無故發生，你本身一定要是一個值得人家幫助的人，或者有值得人家信賴的因素，這些資源才會出現。總結一句話就是──「投資自己成為績優股，才會吸引人家投資你。」

其次，需具備不放棄的精神。如果苦等不到機會或貴人出現，千萬不要氣餒，要放下怨恨的心，因為有些人覺得自己這麼努力，卻遲遲無法成功，於是就放棄努力，如此一來，機會就會離你越來越遠。

最後，對於努力這件事，努力的標準不是自己設定的，而是比較出來的，要與別人比較後才能看出端倪。於是當別人都認為自己已經夠努力時，我反而覺得自己永遠努力不夠，要不然就不會輸給別人。

既然努力不夠、準備不足，就要分析原因後去改善它，探究天時地利人和哪一塊沒有達標，然後再努力一點，避免再錯失下一次機會。

先看機會，再把目標設高

除了努力做好準備之外，我也建議要將目標設高一點，假設你的能力只有六十分，目標至少要設到八十、九十分，如果目標沒有做到，打個折也能超過六十分。所以不要根據自己的能力去設定目標，一定要超越自己的能力去設定，這樣你才會成長，如果你只打安全牌，那就不會成長。

就像我當時在考慮去美國留學的時候，周遭的親友提出的質疑，包括：你真的要去留學嗎？你的錢哪裡來？你剛結婚不久就出國？外地的文化、語言你能克服嗎？針對各方的疑問，我的想法是「這一條路是我自己要挑戰的，如果挑戰成功，未來將會很不一樣。」

所以，我選擇面對問題，然後一一去克服它。首先，如果靠自己努力可以克服的事情，問題就不大，例如，文化環境、語言、念書方面，只要自己夠努力即可；至於有些外在因素就比較困難，需要想辦法。例如，沒有足夠的錢，我申請到大同工學院的獎助金，不足的部分就在當地打工補足；對於剛結婚的妻子，她有一份穩定的工作生活無虞，她也支持我，讓我無後顧之憂地踏上出國念書之路。

請記住，「凡事不要先看到困難，要先看到機會，目標要設高一點。」先看到機會這件事情很重要，因為如果先看到困難的話，就會阻擋你衝向前的步伐，看不開地把自己困在原地；反之，你先看到機會，就會想要掌握好的機會，不會瞻前顧後，只要有足夠的能力就會向前衝，搞不好就衝過去了，抓到成功的機會。

許多人會埋怨自己是單親、家境不好，覺得自己的命好苦，於是被誘惑走上歪路，但是我並沒有把貧窮當作是苦事，反而將它轉化成一個動機、一個轉機，人生已經很難了，不要再為難自己。我甚至認為老天待我不薄，給了我一個不錯的頭腦，讓我在學業上有所表現，一路上有貴人相助；也給我一個健康的身體，讓我有一路打拚的本錢。

事實上，有一些困境才能讓人有所歷練、有所成長。所以如果人生可以重來的話，我覺得出生在單親家庭沒有什麼不好，因為這樣的環境讓我比較有抗壓性，比較會有奮發向上的精神，比較會知福惜福。

Story 14

十二歲離家築夢，踏上傳承戲曲藝術之路

「面對逆境，有時候心轉個念，
不再為難自己，就會發現更美妙的世界。」
決定不了人生劇本，至少能夠決定表演好壞。

臺灣豫劇團演員　張仕勛

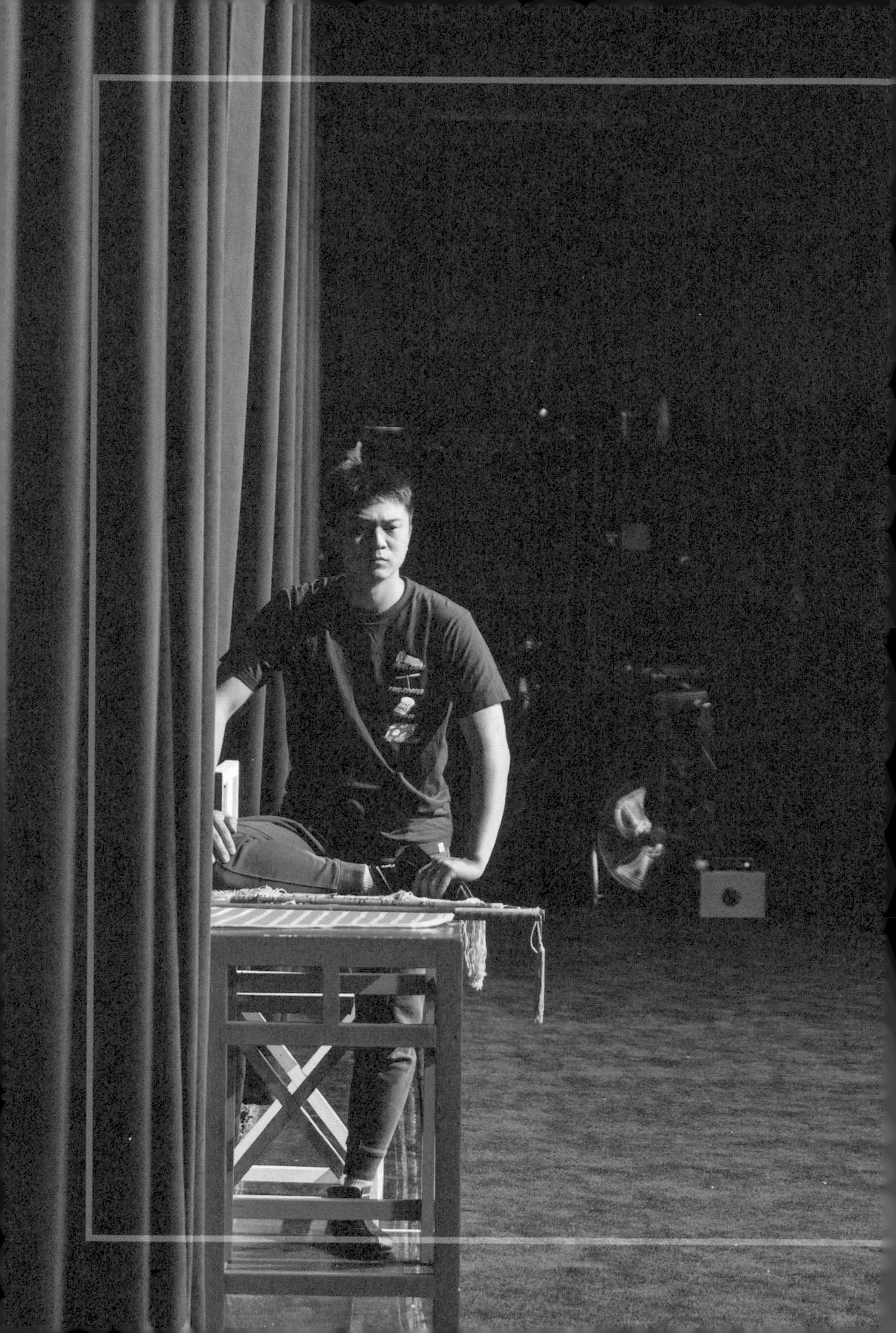

人生就像一場戲，表演是好是壞全靠你自己決定，所以我把每一場表演都當作是最後一場，因為無法預知未來，所以只能把握現在，於是乎，無論在戲曲表演上或在自己的人生上，我都當作是最後一次，很盡力的去完成它，雖然這樣做會很辛苦，但相對地在過程當中也會收穫得比別人更多。

目前我是一名臺灣豫劇團演員，專攻武生、小生。十二歲時考取國立台灣戲曲專科學校客家戲科國中部，一路念到大學畢業，畢業後一方面有感於一般民眾對傳統戲曲的漠不關心，另一方面也希望融合東西方的表演藝術，跳脫刻板的框架，嘗試新的表演形式，讓傳統戲曲被更多人關注，因此考進文化大學戲劇系研究所取得碩士學位。因為熱愛表演，我不斷進修，除了客家戲，也學習京劇、歌仔戲、亂彈戲、南管戲、豫劇、舞台劇等，更參與過外交部國際青年大使計畫、聽障奧運開幕、雙十國慶大會演出等活動，我期許自己成為全方位的演員，並能在文化傳承上盡一份力。

參加合唱團，改變的開始

小時候我經歷了一段年少輕狂的叛逆期。我的父親是一名軍人，因為工作關係經常不在家，所以對父親的印象並不深刻。八歲時，父母離異，母親帶著我與同母異父的哥哥姊姊離開父親，這時的我才開始感覺到家中少了父親這個角色，我開始變得有些叛逆。國小時期經常跟老師吵架、跟同學打架，母親為此多次被叫到學校關心。直到三、四年級時，老師邀請我加入合唱團，第一次感受到自己被關注，在參與的過程中找到自己喜歡做的事，也因為唱得不錯而產生成就感，對自己開始有自信，個性也逐漸變得不再倔強。

對於單親，我心中一直有罣礙，雖然父親的形象感覺模糊，但在心裡還是有一種莫名的遺憾。因為單親的緣故，小時候總覺得自己跟別人不一樣，總覺得缺少些什麼。記得有一次的作文題目是「我的爸爸」，我當場跟老師要求改寫「我的媽媽」，因為自己無法寫有關父親的事情。

我的母親因獨力扶養三個孩子，在經濟上逐漸捉襟見肘時，為補貼家用，一家四口曾在大熱天一起去發傳單。不過，這畢竟不是長久之計，於是在我九歲那一年，開始接受家扶的扶助，直到研究所畢業。對於接受家扶幫助一事，一開始是羞於讓人知道，我不會刻意提到，因為害怕被同學疏遠，直到發現和自己同班六年的同學也是接受家扶幫助後，才慢慢敞開心胸。如今我已不再自卑，且以身為家扶的孩子為榮。

面對挫敗，放棄就輸了

小學畢業後，為減輕家裡負擔，同時也想學到一技之長，我報考台灣戲曲專科學校，最終進入客家戲科國中部就讀。學習戲曲的第一年非常辛苦，每天五點半起床練習翻滾、拉筋、兵器對打、學客家話等，因為完全不會，卻非得要逼自己學會，身體與心裡備受煎熬，不斷浮現放棄的念頭，但當時我心想，我不能放棄，不能被退學，退學要賠錢，這樣家裡又要花一筆錢，自己的身體條件還不算差，只要硬撐下去還是可以度過難關。

每次在學校遇到一些困難時，我都不敢跟母親說，因為怕她擔心，我選擇自己去調適，只不過當時年紀還小，當心情無法調適時，都會在夜深人靜時，趁大家睡覺後偷偷躲起來哭。當時的導師也曾對我們說「吃得苦中苦，方為人上人」，雖然這句話如此簡單，但要真正做到卻非常的難，多虧老師在課堂上、課餘時間都很照顧我，讓我就算咬牙也能苦撐下去。

不過，戲曲表演是很容易遇上瓶頸的，例如不知道怎麼演，或身體素質不夠要怎麼練等問題，我的解決方式就是先調適好自己的心態，例如，如果練了十遍不行，那就練一百遍，直到把這個動作練到好為止。當在練習的過程中因疲累而想放棄時，告訴自己千萬不要放棄，放棄你就輸了，相反地，你要去面對它、做好它，也許下一次練習就成功了。

在就讀研究所時我曾遭遇一次挫敗，休學的念頭也隨之興起。當時原先計畫以自己的創作《武行》作為畢業演出，但將劇本交給老師時卻收到負評，讓我焦急地四處找人幫忙修改，卻沒有編劇願意幫忙，此時又遇上演出場地滿檔、製作成本過高等問題，讓我不禁感慨，在現實世界裡，有時候並不會像大家所說的：「當你想做一件事時，全世界的人都會幫助你」，我知道若無法解決問題，自己會因此延畢，心中巨大的失落感讓我瞬間想放棄。

當我心情低落時，就會想起家扶認養人馮阿姨的一句話：「仕勛，不要氣餒，人生起起落落，不會總是一帆風順，你可以好好去思考，或許這個失敗是要讓你好好地休息，並不是要你放棄，也許等你調整好後再出發，你會做得更好。」這句話讓我重拾了勇氣，繼續努力去面對問題、解決問題。果然不放棄，機會就有可能出現，彷彿一場及時雨，幸運地我得到參與詔安客家戲《西螺廖五房》的演出，教授也同意以其為畢業作品，最終順利畢業。

每當我想放棄的時候，我總會想起一路幫助我的人，他們努力為我付出那麼多，如果自己不加油，怎麼對得起那些幫助過自己的人。

感激他們一路以來的陪伴，特別是家扶認養人一直支持到我自力更生，也是這群愛我的人讓我更有力量，可以對抗內心冒出任何負面念頭的時刻。

繼續尋找自己的一片天

對於現階段的人生成績單，我給自己兩個不同的分數，一個是零分，一個是五十分。前者的零分，指的是在人際關係上的分數，我自認為處理得不是很好，仍需持續努力再學習；後者的

五十分，指的是工作方面仍有所不足。面對不同的人，你會有不同的想法，以及不同的處事觀念，所以我覺得應該保持一個「活到老、學到老」的態度，因此，我給自己不及格的分數，藉此鼓勵自己持續學習、努力成長。

在傳統戲曲圈內已有十八年之久，我覺得自己的知識、常識、學識還是不足。我一直在思考自己要成為一個什麼樣的人？在工作上要達到什麼樣的目標？

太多不確定性，讓我一直想挖掘自己的可能性，因此我在台北做過很多的工作，是一個標準的斜槓青年，無論是現代戲劇、舞台劇、歌仔戲、電視主持人、秀場主持人，甚至在夜市賣蛋糕、餐廳當服務生、學校兼課，任何只要能賺錢、能增加生活經驗的工作，我都嘗試過。

然而，這樣還不夠，我想去尋找自己的那一片天，讓自己「歸零」，重新開始，從台北南下至高雄，進入臺灣豫劇團，從客家戲轉學豫劇，重新學習河南方言，藉此發現新的自己。

對於同樣是單親家庭且家境清貧的年輕朋友，我想對你說：「勇於面對問題，然後解決問題，因為唯有這樣，才能突破你心中的那個坎。」如果只是一味逃避，你將永遠沒辦法克服這些事情，當然有貴人相助那是更好，但最終一定要靠自己。其實，面對逆境，有時候心轉個念，不再為難自己，就會發現更美妙的世界。

田都元帥

Story 15

親眼目睹死亡，用音樂奏起生命樂章

「希望我寫的歌，能讓人快樂、釋放。」透過音樂療傷、抒發、撫慰，還能演奏下一個美好的樂章。

新生代創作歌手　林思華

如果心裡有一首歌，你想唱給誰聽？「我希望自己寫的歌，可以讓不快樂的人聽到後感覺到快樂，讓被壓抑的人聽到後被釋放。」因為幼時目睹父親離世的影響，對於不快樂這件事十分在意，我的夢想就是要用音樂去療癒社會上一些被忽略的人，讓他們能更愛自己，別因他人的眼光改變自己，去壓抑自己本來的模樣，結果到頭來，一點都不快樂，甚至讓自己的內心生病，走上讓自己不幸的路。透過音樂，我要讓內心受傷的人有抒發管道，以及撫慰自己的力量。

因為喜愛音樂，我曾於二〇一三年榮獲勵馨基金會第十一屆Formosa 女兒獎—勇氣冒險獎，二〇二〇年自崇右影藝科技大學畢業時，決定給自己一個挑戰，在 FlyingV 群眾募資平台提案，成功募到新台幣三十一萬餘元的圓夢基金，發行個人創作 EP《17歲》，並舉辦兩場個人演唱會。二〇二一年參加「家扶七十心無限音樂會」演出並創作音樂會主題曲「心無限」。能一步一步踏上屬於自己的音樂之路，我充滿感恩。

墜樓悲劇，舉家離開傷心地

每一個家庭都有自己的故事，對我來說，童年充滿寂寞與離別。在兒時印象中，父親是一個嚴肅、對事情要求完美的人，沒想到因此得了憂鬱症，還沒生病前，他不時會帶我與哥哥去買雞蛋糕，我難忘父親對我們的疼愛。但在念幼稚園的時候，父親的憂鬱症變得很嚴重，母親為了要好好照顧父親，只好將我與哥哥送到北部給阿姨照顧。寄人籬下之際，常常等不到母親的電話，我每天看著窗外，期盼哪一天媽媽從窗外的某一處走過來，接我們回家。

大概一年半後，日也盼夜夜盼地終於等到父親出院回家，全家相聚的日子，沒想到竟是父親選擇離開的日子。當時我的心情錯綜複

離，終於見到父親，結果卻是最後一面。回想當時的父親肯定是做好心理準備才出院，他努力演好已經正常的模樣，就為了出院後離開人世。

父親臨走那一天，母親要七歲的我幫忙看顧父親，我邊玩邊看著他，在某次轉頭看向父親時，他搬著椅子對我微笑，由於父親很少笑，當下覺得父親是真的快樂的，所以就分散了對父親

的注意力，直到聽到撞擊聲再次回頭，那時候他已經墜樓了。直到意會過來之後，才知道「那個微笑是道別」。

悲劇發生後，孤兒寡母備受父親家族逼迫，他們不准我們帶走任何東西，最終母親只好放棄所有，帶著我與哥哥連夜從嘉義搬到台北生活，危機也讓生活開始有了一個新的篇章。

一把吉他，讓我重獲新生

母親獨力扶養兩個年幼的孩子很是辛苦，當時雖有申請低收入戶補助，以及家扶的資助，但生活仍過得捉襟見肘，曾有一次，都還沒到月底，全家只剩二十七元，母親就買了七顆雞蛋，全家就靠著這些雞蛋與學校營養午餐勉強度過四天。

雖然生活看起來很辛苦，但信仰幫助我們度過很多難關，禱告讓我找到生命中許多解答。也許是上帝聽到我們的禱告，居然發生了奇蹟，母親的銀行帳戶突然冒出一筆錢，原來是因為父親的離世而獲得一筆軍公教補助款，也因為這一筆錢，讓我們困窘的生活得以暫時紓解。

由於親眼目睹父親驟逝，因驚嚇與自責的緣故，我彷彿患了失語症，有一段時間拒絕跟人互動，對外唯一會互動的只有班上導師，直到後來家扶社工的訪視，進行一對一的輔導，加上對吉他的情有獨鍾，常常運用彈吉他來寫日記，宣洩情緒，漸漸在國小四年級恢復人與人之間的互動交流。

我愛音樂，自然也愛唱歌，小時候還聽不出自己唱歌的缺點，只要開口唱歌，哥哥就會非常的不高興，想阻止我繼續唱，而媽媽擋在中間保護我，給我足夠的空間練習。那時候音準還是一大課題之一，為了讓自己更進步，在阿姨的介紹下，我還去學習唱歌技巧和發聲練習。扎實的熬煉好多年，立定志向想要做創作音樂人，我不斷練習，從原本的五音不全，逐漸拉回自己的音準，同時也鍛鍊自己的耳朵聽見問題，聽到自己的不好，是學好音樂的開始。

募資圓夢，出版個人EP

我是一個有夢的孩子，在追夢的過程中我其實比其他人幸福很多，因為母親總是說：「你要做什麼，媽媽都支持你」，從來不讓家庭的經濟狀況阻擋我做音樂的夢想，因此在大學即將畢業時，我萌生一個大膽的想法：利用募資來出版自己的 EP，我把計畫告訴母親後，不僅獲得她的支持，甚至還提供想法，陪我修改提案企劃書。

這次募資計畫中的音樂都是我親自執行，包括找編曲老師、找配唱、錄音室錄音等。到現在我依然非常感謝媽媽、阿姨及家扶社工的幫忙，讓我能成功完成募資，順利出版個人創作 EP《17歲》。

有了這次募資的經驗後，我想要規劃一張完整十首歌的個人創作專輯，目前也正在積極「裝備好自己的武器」，例如學習音樂人應具備的常識，以便未來有機會跳得更高，因為我不想做一個曇花一現的歌手，想做一輩子的歌手。因此，如果你也一樣正在追尋音樂夢，勇敢地堅持與不放棄，多充實自己的音樂路，有一天你也能成為你想成為的「創作音樂人」。

訓練強心臟，才有勇氣前進

「當你相信這件事會成功的時候，就會有勇氣繼續前進。」特別是做演藝這領域很辛苦，人與人之間的關係十分複雜，你無法預測其他人在想什麼，也不能掌控事情的變化，所以更需要充實自己，不要被他人打倒；但相對的，站得越高，越需要謙卑面對事情，這是我近期最大的挑戰，這樣的歷練，使自己更上一層樓，即使多次跌倒，也會努力想再站起來。我現在正在訓練自己的心臟，讓它更強壯，可以去挑戰更大的試煉，不輕易被擊敗。

好多次我想過放棄，但是每當有這個念頭時，總會有一個人過來鼓勵我，就像被一百人打擊後，只要有一個人肯定你做得不錯，那麼這一個人就能安慰到你，這一個人就可以抵一百個負面的評價，讓自己覺得可以再繼續試試看，再多走幾步，看看能不能再更好。

當自己因不被賞識而失落、因沒有比賽運而難過，甚至連上台都很困難時，內心最重要的支撐就是我的母親，她常會用很多聖經故事來鼓勵我，例如摩西出埃及的故事，摩西為了讓自己有信心帶領族人離開埃及，神預備他四十年的過程中，肯定有許多事情是旁人無法想像的。我相信，人生這一路走來都是上帝安排好的，祂已經預備要我走向歌手這一途，期間肯定會經過一些不好走的路，只要能通過那些磨練，便能再扛起更重的行李，再站起來往前走，我自己就是一路跌跌撞撞走過來的。

Story 15

親眼目睹死亡，用音樂奏起生命樂章

把傷口放在創作的靈魂裡

我為自己取名為「大麥」，主要是認為自己就像一粒麥子，可以結出不一樣的果實，同時也想要像麥子一樣，有三十、五十倍、甚至一百倍的祝福。

如果有人的家庭跟我一樣有傷口，一定要去醫治自己心裡的傷口，因為自己給自己的傷口是最深的，如果不去勇敢把它找出來，積極醫治的話，就會一直有一個傷口在那裡，漸漸的變得不敢面對。反之，如果願意醫治這樣的心情，就能打開自己的心，更好地做好自己並開創一個嶄新的人生篇章。

父親離世的傷口，對我來說不算是癒合，我把自己的傷口放在一個創作的靈魂裡，傷口已經突破癒合，變成我創作的靈魂。畢竟爸爸離開這件事已是既定事實，無法消失在我的生命歷程中，但卻因為這件事創造了一顆剛強的心，和另外一種堅韌。我不會因為父親的離開而憂傷，而將看見這個過程當成特別的恩典，並讓自己寫出更不一樣的歌。父親是我不會隱藏的過去，它是我願意分享給大家的過程，因為我確定這樣的生命已成為我的祝福。

人生顧問 444

人生很難，你不必再為難自己：15個深刻而感動的單親故事

作　者—Lancôme
攝　影—江凱維
部分照片提供—家扶基金會
責任編輯—廖宜家
主　編—謝翠鈺
企　劃—陳玟利
美術編輯—張淑貞
封面設計—Ivaline Tedjo、斐類設計工作室

董 事 長—趙政岷
出 版 者—時報文化出版企業股份有限公司
一〇八〇一九台北市和平西路三段二四〇號七樓
發行專線—（〇二）二三〇六六八四二
讀者服務專線—〇八〇〇二三一七〇五
（〇二）二三〇四七一〇三
讀者服務傳真—（〇二）二三〇四六八五八
郵撥—一九三四四七二四時報文化出版公司
信箱—一〇八九九　台北華江橋郵局第九九信箱
時報悅讀網—http://www.readingtimes.com.tw
法律顧問—理律法律事務所　陳長文律師、李念祖律師
印刷—勁達印刷有限公司
初版一刷—二〇二二年三月四日
初版四刷—二〇二二年五月五日
定價—新台幣四八〇元
缺頁或破損的書，請寄回更換

時報文化出版公司成立於一九七五年，
並於一九九九年股票上櫃公開發行，於二〇〇八年脫離中時集團非屬旺中，
以「尊重智慧與創意的文化事業」為信念。

人生很難，你不必再為難自己：15 個深刻而感動的單親故事 / Lancôme 著 . -- 初版 . -- 台北市：時報文化出版企業股份有限公司，2022.03
面；　公分 . -- (人生顧問 ; 444)
ISBN 978-626-335-051-9 (平裝)

1.CST: 成功法 2.CST: 人物志 3.CST: 單親家庭

177.2　　111001663

ISBN 978-626-335-051-9
Printed in Taiwan

請由此剪裁

人生很難，你不必再為難自己 • 回函抽好禮！

※請務必完整填寫、字跡工整，以便聯繫與贈品寄送。

1. 您最喜歡本書的章節與原因？

____

____

2. 請問您在何處購買本書籍？

□誠品書店　□金石堂書店　□博客來網路書店　□量販店

□一般傳統書店　□其他網路書店　□其他__________

3. 請問您購買本書籍的原因？

□喜歡主題　□喜歡封面　□價格優惠

□喜愛作者　□工作需要　□實用　□其他__________

4. 您從何處知道本書籍？

□一般書店：__________　□網路書店：__________　□量販店：__________

□報紙：__________　□廣播：__________　□電視：__________

□網路媒體活動：__________　□朋友推薦　□其他：__________

【讀者資料】

姓名：__________　□先生　□小姐

年齡：__________　職業：__________

聯絡電話：（H）__________　（M）__________

地址：□□□__________

____

E-mail：__________

注意事項：

★請將回函正本於 2022/5/31 前投遞寄回時報出版，不得影印使用。

★本公司保有活動辦法之權利，並有權選擇最終得獎者。

★贈品品項固定，無法更換，敬請見諒。

★若有其他疑問，請洽專線詢問：02-2306-6600#8221。

請由此剪裁

※ 請對折封好（請不要使用釘書機），無須黏貼郵票，直接投入郵筒即可。

廣 告 回 信
台北郵局登記證
台 北 廣 字

第 2218 號

時報文化出版企業股份有限公司

108019 台北市萬華區和平西路三段 240 號 7 樓

第六編輯部　悅讀線　收